GERT HELLERICH

Selbsthilfe Psychiatrie-Erfahrener: Potenziale und Ressourcen

GERT HELLERICH

Selbsthilfe Psychiatrie-Erfahrener: Potenziale und Ressourcen

Psychiatrie-Verlag

Hellerich, Gert: Selbsthilfe Psychiatrie-Erfahrener: Potenziale und
Ressourcen
ISBN 3-88414-358-1

Bibliografische Information der Deutschen Bibliothek
Die Deutsche Bibliothek verzeichnet diese Publikation in der Deutschen
Nationalbibliografie; detaillierte bibliografische Daten sind im Internet über
http://dnb.ddb.de abrufbar.

Originalausgabe
© Psychiatrie-Verlag ggmbH, Bonn 2003
Kein Teil dieses Werkes darf ohne Zustimmung des Verlags vervielfältigt oder verbreitet
werden.
Umschlaggestaltung: Dorothea Posdiena, Fröndenberg
Satz: Marina Broll, Dortmund
Druck: Druckkollektiv, Gießen

Einleitung

Die professionelle, sich auf Wissenschaft und Technologie stützende europäische Kultur hat sich in den letzten Jahrzehnten immer mehr ausgeweitet und dominiert viele Lebensbereiche. Professionelle Anbieter führen uns durch eine komplexer werdende Welt und nehmen uns zuweilen durchaus das Leben aus der Hand. Zweifelsohne sind der Fortschritt und Wohlstand – das komfortable Leben in postindustriellen Gesellschaften – die eine, nicht zu verkennende Seite dieser Entwicklung. Doch die Kehrseite ist nicht selten die Zerstörung des natürlichen Gleichgewichts und der alltagsweltlichen Ressourcen – und dies könnte beim Umbau der sozialen Sicherungssysteme noch krasser ausfallen. Auch im medizinisch-psychiatrischen Bereich erleben wir dies. Neben die von professionellen Helfern durch ihre Behandlung beabsichtigte Heilung tritt nicht selten die Schädigung. I. Illich spricht von Iatrogenese, womit er die durch ärztliche oder klinische Eingriffe (z.B. durch Medikamente oder Krankenhausaufenthalte) hervorgerufenen nachteiligen Wirkungen auf den Menschen meint. Nietzsche sprach seinerzeit gar von Euthanasie, wobei er die durch Professionalität erzeugten Mechanismen der Zerstörung menschlicher Produktivitäten im Auge hatte. Wo und wie positioniert sich in diesem Prozess Selbsthilfe?

Auf Grund einer sich ausweitenden Professionalisierung können die individuellen Potenziale oder die eigenen schöpferischen Fähigkeiten verdrängt werden. Die Postmoderne, die Ökologiebewegung, der Feminismus, die Systemtheorie wie auch andere Ansätze sind im Gegenzug sehr darum bemüht, Selbsthilfe als eigenes, sich selbst regulierendes System aufzuwerten und als Alternative dem professionellen Hilfesystem gegenüberzustellen.

Selbsthilfe setzt sich gegenwärtig mit modernen wissenschaftlichen, professionellen, organisatorischen und institutionellen Erscheinungsformen auseinander und versucht diese aufzulockern oder gar aufzubrechen, um den Weg für neue menschliche (Selbsthilfe-)Möglichkeiten zu ebnen. Sie ist eine Theorie und eine Praxis, die im postmodernen Sinne universell gültige Wahrheiten und Werte in Frage stellt. So entstehen viele Möglichkeiten, für sich selbst und für andere Sorge zu tragen, denn es gibt nicht länger die einzig richtige Sichtweise, wie Hilfe zu sein hat, sondern eher eine Vielfalt von Hilfeperspektiven. Im pluralen Perspektivismus ist alles möglich (»anything goes«), alles ist denkbar, viele unterschiedliche Thesen können sinnvoll sein. Es bedarf der Auseinandersetzung mit den jeweiligen Thesen, wobei der Gegensatz zwischen Wissenden und Unwissenden, Professionellen und Laien, Experten und Klienten, Subjekten und Objekten, Aktiven und Passiven problematisiert und in Frage gestellt wird. Die moderne Subjekt-Objekt-Dichotomie und die ihr zu Grunde liegende Hierarchie und Hegemonie sind das Gegenteil eines sich selbst regelnden, sich selbst organisierenden und entwickelnden Systems, eines Systems, das sich aus sich selbst heraus steuert, also im ökologischen Sinne »autopoietisch« ist. Alles Aufzwingen von außen zerstört nicht selten den internen Kreislauf und somit die Selbsthilfemöglichkeiten. Hilfe wird zunehmend im ökologischen Verständnis als Hilfe zur Selbsthilfe oder als Unterstützung eigenregulierender Tätigkeiten konzipiert.

Selbsthilfe erhält innerhalb der postmodernen Verschiebungen von Wissen und Macht vom Vertikalen zum Horizontalen und in dem sich ausweitenden ökologischen Bewusstsein eine immer größere Bedeutung. Sicher gibt es noch Vertreter professioneller Systeme, die Selbsthilfe im Vergleich zur Expertenhilfe als dilettantisch und unzulänglich abwerten, doch der Aufwertungsprozess gegenüber Selbsthilfe nimmt zu und ist auch nicht mehr zurückzunehmen. Selbst im System psychosozialer Hilfen, in dem die Menschen als krank und gestört diagnostiziert und häufig als defizitär betrachtet werden, wird zunehmend die These vertreten, dass es keine Heilung ohne Selbstbeteiligung gibt. Und zur individuellen Selbsthilfe wird auch die Selbsthilfe in Gruppen als wichtiger Beitrag zur komplementären Versorgung betrachtet.

Ziel des vorliegenden Buches ist es nicht, Krankheit und den effektivsten Umgang mit ihr in der Form der Selbsthilfe zu untersuchen. Das haben bereits einige Autoren getan. Vielmehr will ich die Ressourcen-Produktivität der Selbsthilfe herausstellen. Dabei sollen zum einen die Potenziale von Psychiatrie-Erfahrenen sichtbar werden, zum anderen die psychischen, sozialen, kulturellen und gesundheitlichen Fördermöglichkeiten der Selbsthilfegruppen. Bislang wurden die Potenziale bzw. Ressourcen Psychiatrie-Erfahrener häufig unterschätzt, indem der Blick eher auf ihre Defizite als auf ihre Fähigkeiten gerichtet war. Wird die Perspektive auf die individuelle und soziale Produktivität Psychiatrie-Erfahrener erweitert, dann erhöht sich auch deren komplementäre, selbstrehabilitative Bedeutung im System psychosozialer Hilfen.

Um wirklich sehr praxisnah sein zu können, will ich in diesem Buch am Beispiel der »Nachtschwärmer«, einer seit Ende 1997 in Bremen existierenden psychosozialen Selbsthilfegruppe, die Potenziale Psychiatrie-Erfahrener erarbeiten. Diese Gruppe hat die anfangs von den Initiatoren und Unterstützern gehegten Erwartungen bei weitem übertroffen. Ergänzend werde ich anhand anderer Selbsthilfeprojekte aus dem Bundesgebiet die Möglichkeiten und Fähigkeiten Psychiatrie-Erfahrener illustrieren. Ich möchte nicht zuletzt Selbsthilfe-Interessierte ermutigen, selbst etwas zu initiieren und aufzubauen. Und ich möchte all jene ermuntern weiterzumachen, die bereits in Selbsthilfegruppen und -initiativen engagiert sind, denn ihre Arbeit wird im psychosozialen Hilfesystem der Zukunft eine große Bedeutung erhalten.

Der Blick auf die Potenziale Psychiatrie-Erfahrener eröffnet eine neue Sichtweise dieser über Jahrhunderte nur als krank und gestört diagnostizierten Gruppe von Menschen. Die neue, »salutogenetische« Sichtweise durchzieht das Buch wie ein zweiter roter Faden und schlägt sich in den folgenden Fragen nieder:

- Sind die als »Kranke« eingestuften Individuen doch möglicherweise gesünder und handlungsfähiger, als die bisherige psychiatrische Sicht dies vermuten lässt?
- Sollte der Wahnsinn psychiatrisch erkrankter Menschen nicht nach den neuesten Forschungsarbeiten zur Salutogenese wie jeder andere Mensch auch auf einem Kontinuum zwischen den Polen Gesundheit und Krankheit angesiedelt werden?
- Wie und in welcher Form manifestieren sich beim Zurückdrängen professioneller Dienstleistungen oder fehlender Angebote die Ressourcen Psychiatrie-Erfahrener und welche Gestaltungsfähigkeiten nehmen diese an?
- In welcher Form können Professionelle Selbsthilfe unterstützen?
- Liegt der Arbeit Freiwilliger in Selbsthilfegruppen nicht ein enormes und breit gefächertes Potenzial zu Grunde?

Das Buch soll jenen Menschen in Krisen Anregungen geben, die immer noch zögern, eine Selbsthilfegruppe aufzusuchen, oder zweifeln, ob sie in der Lage sind eine solche aufzubauen. Es soll einen Beitrag dazu leisten, die Selbsthilfe Psychiatrie-Erfahrener zu unterstützen – und der ständige Bezug zur Praxis, zu der psychosozialen Selbsthilfegruppe »Nachtschwärmer« und ergänzend zu anderen Selbsthilfegruppen stellt unter Beweis, wie viele Ressourcen in diesem Bereich noch brachliegen.

Dieses Buch will weder antipsychiatrisch noch psychiatrisch sein, ich verstehe es am ehesten als »nichtpsychiatrisch«.

Aufbau des Buches

Das Buch ist wie folgt aufgebaut: Das erste Kapitel wird die modernen Macht-, Wissens- und Ordnungssysteme der klassischen Psychiatrie beschreiben, um das sich davon abhebende Reformpotenzial, das sich auch in der Selbsthilfebewegung manifestiert, zu umreißen.

In Kapitel 2 wird mittels einer sozialarbeiterischen Fall-Akte dafür sensibilisiert, wie sehr der professionelle Blick auf Defizite und auf »Krankheit« die Individualität einer Biografie verstellt und damit auch Selbsthilferessourcen – und seien sie noch so eigen-sinnig – nicht zu aktivieren oder nutzen versteht. Das dritte Kapitel eröffnet entsprechend die Möglichkeiten des Wandels von der professionellen Rehabilitation zur Selbsthilfe.

Im vierten Kapitel werden sozialpsychiatrische, antipsychiatrische und nichtpsychiatrische Selbsthilfebewegungen vorgestellt, wobei der Schwerpunkt die psychosoziale Selbsthilfegruppe »Nachtschwärmer« bildet.

Im fünften Kapitel – bei dem ich Monika Pförtner, Michaela Lauschmann und Raymond Schubert für ihre Mitarbeit zu danken habe – sollen die Selbsthilferessourcen bei Psychiatrie-Erfahrenen mit Hilfe von quantitativen und qualitativen Untersuchungen erforscht werden, um im sechsten Kapitel den Blick weg von der Krankheit hin zu biografischen, lebensweltlichen Aufarbeitungen und Analysen zu wenden. Die soziale Lebensgeschichte und die als Krisen in Erscheinung tretenden Lebensbrüche rücken hier in den Vordergrund.

Kapitel 7 macht die prekäre Beziehung zwischen Selbsthilfe und der professionellen Hilfe und auch die Bedeutung des freiwilligen Engagements deutlich. Daran anschließend werden im achten Kapitel die kultur- und gesundheitsfördernden Aspekte der Selbsthilfe herausgestellt.

Im letzten Kapitel werden abschließend die postmodernen und ökologischen Thesen der Selbsthilfe verdeutlicht und ihre Bedeutung für die Selbsthilfebewegung wird herausgestellt.

Kapitel 1
Moderne Macht-, Wissens- und Ordnungssysteme am Beispiel der klassischen Psychiatrie

Der »unvernünftige« Geisteskranke

Während es vom Mittelalter bis ins 16. Jahrhundert hinein gewisse Ausgrenzungen des Wahnsinns in Form von Narrentürmen, -kisten und -schiffen gab, so waren diese doch keine systematischen, geplanten staatlichen oder kirchlichen Maßnahmen. Dies änderte sich erst mit dem Aufkommen des absolutistischen Staates und des Frühkapitalismus und – philosophisch-historisch betrachtet – mit der Aufklärung. Es beginnt das Zeitalter der Vernunft. Zwar weist Kants *Kritik der reinen Vernunft* ihr noch bestimmte Grenzen zu, doch schon circa zwei Jahrzehnte später wird die Vernunft von Hegel als absolut gesetzt. Die Vernunft regiert die westliche Welt und soll sie zur höchsten, je da gewesen sozialen, politischen und wirtschaftlichen Realität führen. Alles die Vernunft In-Frage-Stellende wird als problematisch, störend und gefährlich betrachtet. Mit Hilfe der Vernunft kann nicht nur Freiheit in der Gesellschaft verwirklicht werden, sondern sie befähigt den Menschen auch, sich in das soziale Gebilde einzuordnen. Sie ist die Grundlage für Planbarkeit und Voraussagbarkeit; sie ist die Einsicht in die Notwendigkeit.

Die Unvernunft, das Nicht-Vernünftigsein, ist nach M. FOUCAULTS *Wahnsinn und Gesellschaft* (1973) das Andere der Vernunft und hat in der auf Zweckrationalität ausgerichteten Gesellschaft keinen Platz. K. DÖRNER (1975) unterscheidet zwischen Bürgern und Irren. Das Irresein wird ausgegrenzt und gerät unter die medizinische, psychiatrische Macht. Die Folge ist, dass der Wahnsinn, die Unvernunft, von den Medizinern als Geisteskrankheit konstruiert wird und in Irrenanstalten – psychiatrischen Spezialanstalten – behandelt, zumeist aber nur verwahrt wird. E. Bleuler, einer der Lehrmeister der klassischen Psychiatrie, zeigt denn auch in seinen Lehrbüchern, dass diese Wahnsinnigen so ganz anders sind, wie sie da seltsam umherhüpfen oder sich schemenhaft, monoton bewegen; in all den Bewegungen ist für ihn kein Hauch von Vernünftigkeit zu entdecken.

Viele Psychiater, die dem Wahnsinnigen jegliche Vernunft absprechen, weisen auf das Bild des Wahnsinnigen in psychiatrischen Einrichtungen, den damaligen Anstalten und den gegenwärtigen Kliniken, hin. Wo manifestiert sich da vernünftiges Verhalten? – so ihre Frage. Doch muss man hier, wie F. Basaglia (1974) und A. Pirella (1975) es betonen, nicht zwischen dem primären und sekundären Wahnsinn unterscheiden? Ist das, was in diesen psychiatrischen Institutionen vorgefunden wird, nicht durch die Einrichtungen und ihre Organisationsstrukturen oft selbst mit geschaffen worden? Produzieren die psychiatrischen Bedingungen nicht selbst ihre sekundären Verformungen? Fragen, die sich kritische Psychiater in den sechziger und siebziger Jahren immer wieder stellten.

Das klassische psychiatrische System

Hier sollen drei typische Phänomene bzw. Fundamente der Moderne – die Macht, die Wahrheit und die Vergegensätzlichung (Dualismus) des psychiatrischen Systems – aufgearbeitet werden. Die Darstellung geht auf die internen Gesetzmäßigkeiten der klassischen Psychiatrie ein und zeigt, welche Transformationsnotwendigkeiten bestehen, um Reformen einzuleiten.

Macht: Moderne Macht stellt sich dar als »Macht über«, sie ist vertikal, hierarchisch, von oben nach unten verlaufend. Sie ist, nach M. Weber (1969), die Möglichkeit, Einfluss auf andere Menschen zu nehmen und auch gegen ihren Willen bestimmte Ideen und Handlungen durchzusetzen. In der psychosozialen Versorgung gibt es Th. Szasz (1997) entsprechend zwei Formen der Macht: zum einen die Macht als Zwang und Gewalt, zum anderen die auf Vertrag beruhende Macht. Die Erstere gibt den Psychiatern die Möglichkeit, auffällige Personen, die die Sicherheit und Ordnung der Gesellschaft in Frage stellen, auch gegen ihren Willen in geschlossene Anstalten oder in geschlossene Stationen eines Krankenhauses einzuweisen und ihrem Gutdünken entsprechend zu verwahren. Diese psychiatrische Macht verletzt zwar das Grundrecht des jeweiligen Individuums auf Freiheit, doch ist diese Einweisung durch jeweilige psychiatrische Unterbringungsgesetze legitimiert. Th. Szasz plädiert deshalb für eine »contractual relationship« (ebd.).

In dieser »vertraglichen« Beziehung tritt der Hilfesuchende mit seinen Bedürfnissen und in seinen Nöten bzw. Krisen an den Psychiater heran und bittet um eine angemessene Behandlung seines Problems, wofür, finanziell gesehen, entweder er selbst oder seine Versicherung aufkommt. Nicht nur Szasz, sondern auch viele Reform- bzw. Sozialpsychiater kritisieren die repressive Form der Macht, die den Psychiatern als Erfüllung eines gesellschaftlichen Auftrages zugeschrieben wurde und wird. Sie wären auch lieber Teil eines Systems vertraglicher Beziehungen (siehe etwa Dietz u.a. 1998), aber wer sonst soll den gesellschaftlichen Auftrag der polizeilichen »Entstörung« wahrnehmen? Man sollte jedoch nicht glauben, dass eine vertragliche Beziehung keine Macht impliziert, was auch von Reformern zu bedenken ist. Dieser Beziehungskomplex ist von gesellschaftlich anerkannteren und subtileren Formen der Macht durchdrungen.

Nach M. Foucault (1977; 1978) handelt es sich um normative und produktive Stilisierungen der Macht. Diese strategische Art der Macht setzt sich durch über Normen oder über ein bestimmtes Wissen des psychiatrischen Personals, was beim Hilfesuchenden ein bestimmtes Begehren auslöst, und ist meistens wirksamer als repressive Macht, weil sie die Widerstandsfähigkeit beim zu beratenden und zu behandelnden Menschen reduziert. Sie bleibt aber »Macht über« – ein hierarchisches, asymmetrisches Verhältnis, in dem die Wahl des Hilfesuchenden häufig kontrolliert und seine für ihn »wahre« Perspektive verfälscht wird.

Wahrheit: Die Geschichte der Psychiatrie zeigt – so Scull 1974 –, dass es über lange Zeit unerbittliche Kämpfe um die Hoheit über die Wahnsinnigen gab. Neben der medizinischen Perspektive fochten pädagogische und moralische Disziplinen um die Berechtigung, ihre Sichtweisen als die »wahren« in der Gesellschaft anerkannt zu bekommen. Schließlich siegte die medizinische Position und der Wahnsinn wurde zu einer biologischen Kategorie (Gehirndefekte) reduziert, obwohl es genauso überzeugend gewesen wäre, dass der Wahnsinnige ein Produkt falscher familiärer wie gesellschaftlicher Erziehung ist und eine Re-Sozialisation das Problem lösen kann. Oder: Was spricht dagegen, dass der Irre sich gesellschaftlich verirrt hat und moralische Instruktionen ihn wieder auf den Weg der Normalität zurückführen können?

Alle drei Erklärungsmodelle des Wahnsinns beruhen auf rationalen und wissenschaftlichen Argumentationen und üben eine gewisse Überzeugungskraft aus. Das Faktum, dass sich die Medizin bzw. die Psychiatrie als Monopolistin über den Wahnsinn durchsetzte, hatte sicherlich mit der der Medizin bereits zugeschriebenen Rolle im Hinblick auf die Behandlung von Körperkrankheiten zu tun. Letztendlich ist es jedoch eine auf Macht beruhende Entscheidung der Gesellschaft, was wahr und was nicht wahr ist (Foucault 1978). Wahrheit, die als eine Form der Macht fungiert und sich historisch entwickelt hat, wird in der Psychiatrie absolutiert, universalisiert, ahistorisiert, entbiografisiert – Veränderungen setzen erst ganz allmählich via Konstruktivismusdebatte ein. Die Psychiatrie folgt dem Projekt der Aufklärung, wonach generelle, situationsübergreifende Wahrheit durch den menschlichen Verstand entdeckbar ist und durch wissenschaftliche Methoden abgesichert werden kann. Die biomedizinische Perspektive in der Psychiatrie manifestiert sich als ein totalisierender Diskurs, der andere Disziplinen oder Dimensionen (seien es politökonomische, soziologische oder psychologische) als nicht der Wahrheit entsprechende Sichtweisen beurteilt.

Die Ergänzungsbedürftigkeit einer solchen Denkweise wird von der gegenwärtigen Reformpsychiatrie in aller Deutlichkeit und Schärfe formuliert – im günstigen Fall mit der Folge, dass der hilfebedürftige, irrende Mensch nicht länger seine eigene, für ihn aus lebensgeschichtlichen Gründen subjektiv wahre Sichtweise zugunsten der psychiatrisch vermeintlich objektiven wahren aufgeben muss. Diese Gegensätzlichkeit der klassischen Psychiatrie zwischen Richtig und Falsch jedenfalls ist Teil eines größeren modernen Zusammenhangs.

Dualismus: Der Beginn der Neuzeit ist geprägt von einem auf die Spitze getriebenen Dualismus, der sich beim modernen Vater der Philosophie, R. Descartes, in einer nicht zu überbrückenden Kluft zwischen Geist und Körper äußerte. Während der Geist immateriell und bewusst ist, ist der Körper materiell, ausgedehnt und unbewusst. Die klassische Psychiatrie bleibt in diesem Gegensatz zwischen dem Körperlichen, dem Biologischen (dem Gehirn) und dem Psychologischen (dem Geistigen) gefangen. Aber auch andere moderne Gegensätze sind in die klassische Psychiatrie eingegangen und teilweise von ihr verschärft worden, wie zum Beispiel die Vergegensätzlichung von Subjekt (dem handelnden, freien Wesen) und Objekt (dem passiven, abhängigen Wesen). In der Geschichte der Psychiatrie spiegelt sich diese Subjekt-Objekt-Relation in der Macht der wenigen, die die psychiatrischen Institutionen gestalten, und dem Schicksal der vielen dort verweilenden (aus Lebensgeschichte wird Krankengeschichte) Insassen wider. Die Ärzte symbolisierten und monologisierten, während die Irren zum Schweigen verurteilt wurden, denn ihr Sprechen wurde als leer, eben unvernünftig, entwertet.

Hier geraten wir bereits in den nächsten »modernen«, von der Psychiatrie verschärften Gegensatz, nämlich in den zwischen Normalität und Abweichung oder zwischen Gesundheit und Krankheit, wobei die von den Psychiatern vertretene Expertenkultur die rationale, vernünftige und gesunde Seite, die »Irrenkultur« hingegen die irrationale, unvernünftige und kranke Dimension darstellt. Zweierlei Folgen sind kennzeichnend für diese psychiatrische Vergegensätzlichung der Moderne: Bei einigen »Irren« zeigt sich eine beständige Resistenz, bei anderen ein kraftloser, resignierender Nihilismus, der durch Sinnlosigkeit gekennzeichnet ist – vielleicht eine Art »Dialektik von unten«. Beide Auswirkungen machen der Reformpsychiatrie auch gegenwärtig noch zu schaffen – entweder die durch Widerstandskräfte hervorgerufene »Non-Compliance« oder die jegliche Aktivität einschränkende Lethargie. Da jedoch von den meisten Reformern sowohl die absolute Wahrheit und Macht als auch das dualistische Denken hinterfragt werden, scheint die psychosoziale Versorgung in der Gegenwart eher auf Widerstandsformen Psychiatrie-Erfahrener eingehen zu können.

Die Fremdbehandlung

Die auf das System der Anstalten gegründete und dem gesellschaftlichen Bedarf der Ordnung und Sicherheit entsprechende klassische Psychiatrie (vom 18. Jahrhundert an, siehe DÖRNER 1975) war einerseits einem politisch-administrativen Netz der sozialen Kontrolle von Abweichung/Störung verbunden, hielt jedoch andererseits an therapeutischen Zielsetzungen der Hilfe fest. Es ist kaum verwunderlich, dass die Entstörung von Fehlverhalten den Menschen zwangsläufig unterdrückt, ihn auf den Status eines passiven Objektes herabsetzt und psychiatrische Normalisierung ihn fremdbestimmt (»kolonisiert«). Eigeninitiativen und -aktivitäten des Patienten sind der klassischen Psychiatrie somit wesensfremd.

Die als krankhafte Veränderung des Körpers konzipierten seelischen Störungen wurden in der herkömmlichen Psychiatrie innerhalb einer hierarchischen Beziehungsstruktur behandelt, die auf eine klare Gegensätzlichkeit zwischen den aktiven, wissenden, handelnden Professionellen und den passiven, als unwissend betrachteten Patienten gründete. Selbst wenn man davon ausgeht, dass der Psychiater das Beste für den Wahnsinnigen beabsichtigte, so ist er doch einer, der etwas für den anderen (stellvertretend) tut. Hier wird nicht nur ein sozialökologisches Ungleichgewicht in der hierarchischen Struktur deutlich, sondern der Professionelle (ein Fremder) geht nicht auf die lebensweltlichen Bedürfnisse des Wahnsinnigen ein, ja nicht selten versucht er sogar mit aller Gewalt die durch eigene Interessen und Vorstellungen erzeugten Widerstände beim Betroffenen zu brechen. Die klassische Fremdbehandlung beruht auf einem Monolog, der auch durch die professionellen Befragungen der Patienten nicht durchbrochen wird – die Psychose-Seminare sind letztlich auch eine Reaktion auf dieses Verhältnis.

Der Irre wurde über Jahrhunderte zum Schweigen verdammt, und wenn er doch wider die institutionellen Bestimmungen redete, wurde dies oft gegen ihn verwendet (FOUCAULT 1973). Widerstand war immer Uneinsichtigkeit in die Krankheit. Die Psychiatrie immunisierte sich damit selbst.

Es wäre allerdings nicht fair, der klassischen Psychiatrie unzeitgemäßes Verhalten vorzuwerfen, denn andere Bereiche gesellschaftlichen Lebens waren ebenso und sind teilweise immer noch durch Fremdbestimmung geprägt, sei es der familiäre Bereich (Männer verfügen über ihre Frauen, Eltern über ihre Kinder), der schulische oder universitäre Bereich (Lehrer und Professoren belehren ihre Schüler und Studenten) oder der Arbeitsbereich (der Arbeiter muss sich dem Vorgesetzten unterwerfen). Klassische Psychiatrie, klassische Erziehung und (Aus-)Bildung, klassische Ökonomie – alle diese professionellen Handlungsmuster verhinderten selbstbewusste Ich-Leistungen bzw. Selbstgestaltungen. Der Autonomieanspruch des machtgesteuerten Zöglings, Klienten, Patienten, Arbeiters wurde missachtet.

Leider ist das Bild der klassischen Psychiatrie trotz reformerischer Erneuerungsversuche auch in der gegenwärtigen Zeit noch nicht verschwunden, wie das folgende Kapitel – eine Aktenanalyse – deutlich macht.

Kapitel 2
Verlust der Selbsthilfepotenziale.
Der professionelle psychiatrische Blick

Während viele Professionelle in der gegenwärtigen psychosozialen Versorgung zunehmend Reformen, im Interesse des Psychiatrie-Erfahrenen, mit in ihre Arbeit integrieren, gibt es immer noch eine Anzahl von psychosozialen Arbeitern, die an der Versorgung im Sinne der klassischen Psychiatrie festhalten. Selbsthilfe als sinnvolle Ergänzung des psychosozialen Hilfesystems zu würdigen hat in dieser Form der Praxis wenig Chancen.

Selbst Sozialarbeit kann klassisch-psychiatrisch ausgerichtet sein, auch wenn momentan der Sozialarbeiter als die zukunftsträchtigste Berufsgruppe in der psychosozialen Versorgung konzipiert wird (nicht zuletzt aus Kostengründen). Es zeigt sich bei genauerer Betrachtung, dass die Zerstörung von Selbsthilfepotenzialen nicht nur ein Risiko im medizinischen Modell der Psychiater, sondern auch bei Sozialarbeitern vielerorts gängige Praxis ist.

Professionelle Non-Compliance – ein Fallbeispiel

Wie sehr in der Praxis professionelle psychosoziale Arbeit der Psychiatrie-Enquete und den Psychiatrie-Plänen der Länder entworfenen Reformbemühungen sowie der Selbsthilfe und auch der so genannten Gesundung der Psychiatrie-Erfahrenen widersprechen kann, soll zunächst in einem Fallbeispiel veranschaulicht werden.

Peter entstammt einer Arbeiterfamilie und ist das einzige Kind der Eltern. Der Vater ist Alkoholiker und seit Peters zehntem Lebensjahr leben die Eltern getrennt. Die Mutter hatte sich auf Grund der Alkoholprobleme und daraus resultierender Konflikte getrennt. Peter wächst bei der Mutter auf, die ihren Lebensunterhalt durch Putzarbeiten bestreitet. Er schließt die Realschule ab, macht eine Banklehre, wird Bankkaufmann und entpuppt sich so als »nicht konformistischer« Aufsteiger. Er lernt schließlich eine Portugiesin kennen, die er liebt und auch heiratet.

Die Mutter lehnt die Ehe ab, mischt sich ständig in die eheliche Beziehung ein und sagt der (ausländischen) Schwiegertochter dauernd, wo es langzugehen hat, wie sie zu kochen und zu putzen hat. Diese Einmischung der Mutter in das eheliche Verhältnis führt dazu, dass sich die Schwiegertochter aus der Beziehung zu Peter zurückzieht und sich schließlich sogar scheiden lässt. Peter kann diese neue Situation nur schwer ertragen und stürzt sich mehr und mehr in den Alkohol. Darunter leidet nun auch seine Arbeitsfähigkeit in der Bank.

Die Konflikte am Arbeitsplatz eskalieren zunehmend. Statt etwa zu einer Entziehungskur zu raten und Peter eine zweite Chance zu geben, entlässt ihn die Bank eines Tages fristlos. Bei der Aushändigung seiner Papiere verliert Peter völlig die Kontrolle und wirft eine Fensterscheibe ein. Die sofort angeforderte Polizei nimmt ihn fest. Beim Abtransport zur Polizeidienststelle sowie auf dem Polizeirevier soll er wie ein Wahnsinniger getobt und um sich geschlagen haben, was die Polizeibeamten veranlasste, ihn auf Grund der Fremdgefährdung nach dem PsychKG zur Beobachtung in ein Zentralkrankenhaus mit psychiatrischer Station einzuliefern.

Mit 27 Jahren beginnt die psychiatrische Karriere Peters. Der Verdacht der Polizeibeamten auf eine Geisteskrankheit erhärtet sich durch das vom dort tätigen Psychiater angefertigte Gutachten, nach welchem Peter wie folgt diagnostiziert wird:

Er hat eine »Mischpsychose mit paranoider Erlebnisverarbeitung und dabei phasenhaft bekannt gewordener Selbstmordgefährdung«. Als sekundäres Krankheitssymptom wird Alkoholabhängigkeit bescheinigt. Peter kooperiert nicht mit den Ärzten und widersetzt sich bestimmten Behandlungen. Nach ärztlicher Ansicht wird der Betroffene zwar als dringend behandlungsbedürftig betrachtet, er selbst aber sei dem ärztlichen Urteil entsprechend völlig krankheitsuneinsichtig und »therapieresistent«. Da die Fallkonstruktion bereits vor In-Kraft-Treten des Betreuungsgesetzes eingesetzt hat, wird ein Entmündigungsverfahren wegen Geistesschwäche bzw. Geisteskrankheit eingeleitet. Gemäß § 906 BGB wird vorläufige Vormundschaft angeordnet. Diese Maßnahme wird zur Abwendung einer erheblichen Gefährdung der Person als erforderlich erachtet. Laut amtsrichterlichem Beschluss wird das Sozialamt zum vorläufigen Vormund bestimmt.

Hier nun beginnt der Wirkungskreis des Sozialarbeiters.

Auffallend an den sich anschließenden Handlungsstrategien des Sozialarbeiters ist die völlige Unterwerfung seines Denkmusters unter das der Medizin. Er übernimmt in seiner Stellungnahme weitenteils wörtlich das Gutachten des Psychiaters. Selbst in der Sprache übernimmt er unkommentiert und auch ohne eine sozialarbeiterische Ergänzung medizinische Begrifflichkeiten: Geisteskrankheit, Mischpsychose, Schizophrenie, schizoaffektive Störung, Paranoia u.a. In der Unterwerfung unter das medizinische Modell bleibt Peter auch in der Perspektive des Sozialarbeiters zuallererst ein psychisch Gestörter. Die Aufgabe für den Sozialarbeiter besteht unter diesen Umständen darin, ihn krankheitseinsichtig zu machen bzw. seine Therapieresistenz zu brechen. Statt Macht in Form von produktiven und motivationsstiftenden, Bereitschaft bei seinem Gegenüber erzeugenden Strategien zu wählen, entscheidet sich der Sozialarbeiter für repressive Techniken: Geldentzug und dafür Lebensmittelgutscheine, Einbehalten von Busfahrkarten, Einziehen des Personalausweises etc.

Der Sozialarbeiter verbündet sich in der Folge zumeist mit den medizinisch Tätigen, mit der Polizei und auch mit der Mutter und hat dadurch Schwierigkeiten, Partei für Peters Interessen zu nehmen, denn Peter entwickelt von Beginn an eine »antipsychiatrische« Einstellung und kämpft mit aller Vehemenz gegen die ihm *zugeschriebene* Geisteskrankheit. Da der Sozialarbeiter Peter als behandlungsbedürftig betrachtet, der Betreffende sich selbst jedoch nicht und er daher auch nicht krankheitseinsichtig und therapiewillig ist, tritt eine Kluft zwischen Sozialarbeiter und Klient auf. Der Sozialarbeiter ist ständig auf Spurensuche, ermittelt manchmal wie ein *Detektiv* nach Zeichen dieser, von Peter verkannten Geisteskrankheit, um ihn »zu überführen«. Die Akte wird dabei oft zu einem Dossier. Die vom Sozialarbeiter ausgehende Konstruktion Peters ist die einer defizitären, negativ besetzten, abgewerteten Person, die daher auch nie ernst zu nehmen ist. Die Beziehung zu Peter ist eher die einer Kolonisierung als die einer Unterstützung. Selbstrehabilitation wird ausgeschlossen. Peter leistet Widerstand gegen die Macht des Sozialarbeiters und schreibt hin und wieder Briefe an ihn. Er bringt darin seine Angst und Sorge über seinen Objekt-Status und die Entscheidungsgewalt des Sozialarbeiters über ihn zum Ausdruck. Das klingt dann so: »Ich möchte, dass Sie mich ernst nehmen. Ich finde Folgendes negativ: dass ich immer wieder Angst bekomme, wenn ich zum Sozialamt muss, dass Sie beabsichtigen, mich in eine Heilanstalt zu bringen, dass Sie mich behandeln wie einen kleinen Jungen, aber mich, wenn mal etwas danebengeht, wie einen Erwachsenen behandeln.« Peter will ernst genommen werden als Person und Mensch und nicht nur eine Marionette in den Händen anderer sein, die über sein Lebensschicksal entscheiden. Gegen das Machtgefühl der Professionellen setzt er das Ehrgefühl. Peter fragt (in seinen Briefen an den Sozialarbeiter) des Öfteren: »Wissen Sie, was Ehre ist?«

Der Sozialarbeiter fällt hinter die Reformbemühungen der Psychiatrie zurück, weil er kaum seine Chance nutzt, »sozialgeschichtlich«, *biografisch* tätig zu sein, obwohl bei Peter sehr deutlich ist, welchen Bruch und welche

Diskontinuität die Trennung und die Arbeitslosigkeit für ihn darstellen, welche Lebensprobleme sich durch die Entlassung aus der Bank ergaben, denn die Institution Arbeit war eines der wesentlichsten, ihn tragenden und Selbstwertgefühl vermittelnden sozialen Systeme. Er schreibt:»Seitdem ich von der Bank weg bin, stehe ich alleine mit meinen Problemen; wissen Sie, was es heißt: ausgesetzt in einer kalten Umwelt, keiner guckt dich mehr an, keiner akzeptiert dich, weil du vom Sozialamt abhängig bist.«

Sozialgeschichte aufzuarbeiten hieße, sich auch mit der Familiengeschichte Peters auseinander zu setzen, denn aus der Akte wird ersichtlich, wie die Mutter zum Leidwesen Peters dominierend, normierend und disziplinierend – ja störend – wirkt. So treten zum Beispiel im häuslichen Miteinander, das Peter mit seiner Mutter nach der Scheidung von seiner portugiesischen Frau aufrechterhält, häufig Konflikte auf. Die Mutter akzeptiert nie, wie er ist; sie spielt sich manchmal wie eine Detektivin auf, um Peters»Anomalien« aufzuspüren, und gebärdet sich gleichzeitig als Denunziantin dem Sozialarbeiter gegenüber. Die Spannungen zwischen der Mutter und Peter sind offensichtlich. Peter wirkt seiner Mutter gegenüber sehr gereizt, zeigt erhöhte Aggressionen, schließt sich nicht selten in seiner Kellerwohnung ein, um Kontakt mit ihr zu verweigern, und stiehlt ihr sogar Geld. Die wiederholten Einweisungen in die Klinik sind Folge auftretender und nicht zur Klärung gebrachter Beziehungs- und Kommunikationskonflikte. Hätte der Sozialarbeiter hier nicht dieses soziale Netzwerk (Mutter-Sohn), das Peters Lebenskrisen mitbedingte, in Frage stellen und zusammen mit Peter nach Alternativen suchen müssen?

Das Verhalten des Sozialarbeiters kann jedenfalls nicht gerade als Netzwerkpflege (siehe LAIREITER 1993; ANGERSMEYER/KLUSMANN 1989) betrachtet werden, denn es fehlt hier an Gegenseitigkeit, Kommunität und Unterstützung. Die Isolierung, Kontaktarmut und Diskriminierung sind einige der Gründe, dass Peter sich immer wieder in die Kellerwohnung zurückzieht. Das häusliche soziale Netz erzeugt ständig neue Probleme, die immer wieder Gründe für die Einweisung in stationäre psychiatrische Behandlung liefern. Ein Kreislauf ohne Ende!

An diesem Beispiel lassen sich deutlich moderne Macht- und Hierarchiestrukturen aufzeigen. Die Folge ist ein nicht endender Konflikt zwischen den Kontrahenten. Der Sozialarbeiter will ständig etwas anderes als Peter. Und zunächst einmal will er ihn»verkranken«, um ihn im zweiten Schritt therapiefähig zu machen und schließlich zu normieren. Peter allerdings kämpft mit allen ihm zur Verfügung stehenden Mitteln gegen diese Medizinisierung, Therapeutisierung und Pädagogisierung, die der Sozialarbeiter direkt oder über andere Professionen durchsetzen will. Immer wieder allerdings muss

Peter erkennen, dass der Sozialarbeiter mehr Macht (Druckmittel wie Taschengeldsperre, Einweisungsmöglichkeit etc.) hat, dass er seinen Willen auch gegen Peters Widerstand durchsetzen kann. Das Machtverhältnis der Über- und Unterordnung (Subjekt-Objekt-Beziehung) impliziert eben, dass der Klient Peter nicht in Ordnung bzw. dass er gestört ist und dass daher er und nicht der Sozialarbeiter (mit seiner Arbeitshaltung) sich ändern muss. Die Chance der Macht beinhaltet aber auch, stellvertretend für Peter denken zu dürfen, was für ihn gut und schlecht, nützlich oder verwerflich sein soll. Sozialarbeiterische Macht tritt aber auch noch anders in Erscheinung, wenn Peter etwa lächerlich gemacht und seine Leistung abgewertet wird. Ein Beispiel: Nachdem Peter arbeitslos wurde, versuchte er außerhalb der beruflichen Arbeit seinem Leben einen Sinn zu geben. So schreibt er beispielsweise einen kleinen Aufsatz über die Bedeutung psychosozialer Impulse – dieser Aufsatz wird in der Akte abgeheftet –, in dem er darlegt, wie sich der Mensch mittels Tätigkeit oder Arbeit ein Ich aneignet und wie die Auseinandersetzung zwischen Individuum und Natur identitätsfördernd ist. Er versucht allmählich, sich über künstlerische Freizeittätigkeiten (wie Zeichnen, Verfassen von Essays, aber auch Erlernen von Fremdsprachen) eine neue Identität aufzubauen, ohne dabei allerdings Anerkennung zu finden. Er schreibt: »Als ich heute meiner Mutter sagte, ich sei freischaffender Maler, hat sie die Hände über dem Kopf zusammengeschlagen. Sie dachte, dass ich spinne.« Ähnlich denkt der Sozialarbeiter. In der Akte sind interessante, m.E. qualitativ hochwertige Zeichnungen abgeheftet. Die Zeichnungen haben viel Bewegung und Leben und erfassen Naturerscheinungen in detaillierter Weise. Vielleicht hätte hier der Sozialarbeiter zusammen mit Peter Möglichkeiten entwickeln können, die Fähigkeiten identitäts-, kommunikations- oder beziehungsfördernd einzusetzen statt seine Tätigkeiten abzuwerten und sie gar noch als Zeichen von Geisteskrankheit zu beurteilen. Der Sozialarbeiter entlässt Peter nie in die soziale Unabhängigkeit. Er macht sich nicht überflüssig, sondern im Gegenteil unentbehrlich, und baut so mit an Peters psychiatrischer Karriere. Mehrmals versucht der Psychiatrie-Erfahrene Beschwerden und Petitionen beim Gericht gegen seine Verkrankung und seine Entmündigung einzureichen. Doch als das Gericht den Sozialarbeiter um eine Stellungnahme bittet, verneint dieser jegliche Fortschritte in Peters Verhaltenszustand und vertritt die Meinung, dass sich sein Zustand verschlimmert hätte. Peters Status wird festgeschrieben; er kann und darf die ihm zugewiesene Rolle und die damit verbundenen Grenzen nicht überschreiten. Der Sozialarbeiter selbst rüttelt nie an den Grundfesten seiner Auffassung von Professionalität und dem psychiatrischen Erklärungsmodell, verweilt innerhalb des psychiatrischen Diskurses und des gegenwärtigen psychosozialen Versorgungssystems. Es kommt zu keinem Bruch und Umbruch, obwohl Peter mittels seines Widerstandes gegen die Psychiatrisierung und mit Hilfe seiner um Identität ringenden Tätigkeiten den Sozialarbeiter immer wieder mit neuen Möglichkeiten konfrontiert. Der Sozialarbeiter scheint zudem stark gefangen zu sein in den modernen Dichotomien von »normal versus abweichend«, »krank versus gesund«. Dieses dichotome Denken hat zur Folge, dass klare Grenzen gezogen werden zwischen dem Sozialarbeiter und Peter, und zwar mit dem eindeutigen Ziel der Hierarchisierung und Machtverteilung. Dies wiederum führt zu Kommunikationsstörungen und zu gegenseitigem Misstrauen.

Zusammenfassend kann festgehalten werden, dass Selbsthilfe in der oben zitierten psychosozialen Praxis keinerlei Entfaltungsmöglichkeiten zugestanden bekommen hat, da der Sozialarbeiter immer davon ausgegangen ist, dem Psychiatrie-Erfahrenen fehle auf Grund seiner psychischen Krankheit die Fähigkeit, sein Leben selbst in die Hand zu nehmen. Der Sozialarbeiter hat ihn als krank konstruiert, ohne ihm je Ressourcen zuzuschreiben, die sich ja bei ihm kundtaten, wie etwa sein künstlerisches Talent. Peters Potenziale wurden nicht gesehen, möglicherweise der entscheidende Grund dafür, dass die psychiatrische Karriere über Jahrzehnte hinweg erhalten bleibt.

Kapitel 3

Von der Fremd- zur Selbstrehabilitation: eine Auseinandersetzung mit psychiatrischer Behandlung

Mitbestimmende Behandlung: Selbstrehabilitation in der Fremdrehabilitation

Erst die Transformation der Psychiatrie in den sechziger und siebziger Jahren dieses Jahrhunderts ermöglichte es, Selbsthilfepotenziale zu thematisieren. Dabei folgte die Psychiatrie dem insgesamt in der Gesellschaft entstandenen neuen Zeitgeist der Partizipation. Die traditionell verwahrten, passivierten Patienten sollten aus ihrer Lethargie herausgeholt und aktiviert werden (siehe HELLERICH 1990). Ein vom Patienten aktiv mitgetragenes »therapeutisches Programm« (Psychiatrie-Enquete 1975, S. 21) wird gefordert. »Selbsthilfegruppen der Betroffenen« sollen »planmäßig gefördert werden« (ebd., S. 16). Öffnet die Reformpsychiatrie der Selbsthilferehabilitation damit nicht Tür und Tor? Impliziert das nicht schon eine mitbestimmende Behandlung? Es scheint, als ob sich die Psychiatrie dem kulturellen Zeitgeist anschließen und sich mit Hilfe des Mitbestimmungsgedankens fortschrittlich zeigen will. Auch in der Psychiatrie also soll den Patienten ein Mitbestimmungsrecht eingeräumt werden. Wie stellt sich nun diese Teilnahme der Patienten am Entscheidungsprozess in der Behandlung dar?

Ein Beispiel: In *Kritische Stichwörter zur Sozialpsychiatrie* steht Folgendes über die Zielsetzung der Therapie bzw. Tagesbehandlung: »Mit jedem Patienten, der in die Tagesklinik aufgenommen wird, muss ein auf seine persönlichen Schwierigkeiten zugeschnittenes Programm aufgestellt und eine nach Schwierigkeitsgrad gestufte zunehmende Belastung angestrengt werden. Dem Patienten wird nach und nach immer mehr Eigenverantwortung übergeben. Er wird vom ersten Tag an in die Erarbeitung der Behandlungsschritte miteinbezogen. Entscheidungen über seine Person werden auf keinen Fall ohne seine Beteiligung getroffen. Auf diesem Weg kann der Patient lernen, dass seine Mitarbeit und seine Anstrengungen für ihn nützlich sind.« (PFÄFFLIN/PFÄFFLIN 1979, S. 568)

Unterteilt man die Behandlung in drei ihr innewohnende Komponenten, nämlich in das »Was« (den Angebotscharakter und die Zielsetzungen), das »Wie« der Behandlung (der Prozess, die Schritte) und das »Wofür« (das Produkt bzw. das Ergebnis der Behandlung), so ist kennzeichnend für die sozialpsychiatrische Reform, dass lediglich bei den Behandlungsschritten die Betroffenen aktiviert und dynamisiert werden. Bei dem Behandlungsprozess wird ihnen Beteiligung und Eigenverantwortlichkeit zugeschrieben, nicht jedoch bei den Planungskonzeptionen und den Ergebnissen der Behandlung. Es finden zwar Diskussionen über die so genannte Nutzerkontrolle statt, doch diese scheinen sich bisher nicht in der psychiatrischen Praxis durchsetzen zu können. Die Gegensätze zwischen Behandlern und Behandelten, Planern und Ausführenden, Professionellen und Betroffenen sind nicht verschwunden; vielmehr bleibt die jahrhundertealte Logik, dass die einen etwas für die anderen entwerfen und tun müssen, erhalten. Es besteht kein Zweifel, dass die meisten Professionellen in bester Absicht und mit den edelsten Motiven ihre Dienste planen, anbieten und durchführen, doch etwas für jemand anderen tun zu wollen ist hierarchisches Denken mit Über- und Unterordnung.

Diese anti-ökologische Ausrichtung hat die Psychiatrie (ANDRESEN u.a. 1992; RITSCHER 1992) bislang weder in den Kliniken noch in den extramuralen (außerklinischen) sozialpsychiatrischen Bereichen abgebaut, obwohl die Psychiatrie-Erfahrenen die ambulanten Dienste weitaus positiver bewerten als die klinische Versorgung. Zwar konnten sich die Betroffenen eher in die ambulanten als in die klinischen Dienste einbringen, von Mitbestimmung wollten sie in Befragungen aber auch dort einstweilen nicht reden (HELLERICH 1995). Insbesondere wurde in den mit den Betroffenen durchgeführten qualitativen Interviews Kritik an der klinischen Psychiatrie geäußert. Sie wurde als »Willkür«, als »Beharrlichkeit im Bestehen auf Krankheitseinsicht«, als »Technik ohne Gespräche«, als »ohne Gegenseitigkeit«, als »gesellschaftlich-disziplinär«, als »zu objektiv und emotional abstinent« betrachtet. Immer wieder wurde angemahnt, dass die Psychiatrie (in den Kliniken) »zu professionell« und zu wenig »freundschaftlich« sei, dass sie den Betroffenen »nicht zuhöre« und kaum Interesse am »Verstehen« der Lebensgeschichte zeige, ja dass sie nicht selten so weit gehe, den Patienten zu »übergehen« (dazu auch BOCK 1991). Eine Patientin brachte ihre Unzufriedenheit mit der Psychiatrie mit der provozierenden Gegenfrage auf den Punkt: »Was soll denn da helfen?«

Diese Untersuchung unterscheidet sich also auffallend von der von T. Gruyters und St. Priebe durchgeführten Studie, nach der zwischen 56 und 100 Prozent der befragten Patienten aus sehr verschiedenen psychiatrischen Settings mit der jeweiligen Behandlung »zufrieden« waren. »Dabei schätzten die Patienten die Behandlung oft positiver ein, als ihre Therapeuten und Betreuer vermuteten. Auch verschiedene Einzelaspekte einer psychiatrischen Behandlung wurden von den Patienten in der Regel überwiegend positiv bewertet.« (GRUYTERS/PRIEBE 1994, S. 89) Der Unterschied zwischen den beiden Untersuchungen liegt wahrscheinlich nicht nur darin, dass die eine quantitativ und die andere qualitativ ist, sondern möglicherweise hat auch die Auswahl der Befragten mit den voneinander abweichenden Ergebnissen zu tun. Die Mehrzahl unserer Befragten hielt sich schon seit geraumer Zeit außerhalb der Klinik auf, hatte eine eigene Wohnung, besaß zum Teil eine universitäre Ausbildung und – dieser Punkt scheint mir entscheidend zu sein – versuchte, wohl als Reaktion auf die herrschende Psychiatrie, Selbsthilfepotenziale und -gruppen zu entwickeln.

Kommen wir auf die eingangs gestellte Frage nach den Möglichkeiten der Selbstdiagnose und Selbstrehabilitation innerhalb des bestehenden psychosozialen Behandlungssystems zurück, so scheinen die Mitwirkungs- bzw. Mitbestimmungsmöglichkeiten im Genesungsprozess nach Meinung von Patienten eher begrenzt, wobei die klinische weitaus schlechter abschneidet als die ambulante Behandlung. Von Empowerment – einem Schlagwort der Selbstrehabilitation – kann in der momentanen psychosozialen Versorgung, insbesondere in der Klinik, nur hier und da die Rede sein. Der Alltag in der Psychiatrie ist für die Betroffenen zumeist fremdbestimmt. Da sie sich und ihre eigenen Vorstellungen über Rehabilitation nur beschränkt einbringen können, erscheint ihnen das von der Psychiatrie macht- und wissensgesteuerte Leben nicht selten als leer, fremd und sinnlos.

Wege der Selbsthilfe

Die Professionellen in der psychosozialen Versorgung begehren zunehmend das Mitmachen und die Mitarbeit der Betroffenen an ihrer Genesung. Auf diese Weise versuchen sie diverse Selbsthilfepotenziale bei den Patienten zu aktivieren oder verbliebene Ressourcen freizusetzen. Um auf die Betroffenen zuzugehen und ihre subjektiven Vorstellungen, Interessen und Energien zu nutzen, erweitert das psychosoziale System die Kritikfähigkeit an der Behandlung, die sogar Verhandlungen zwischen Professionellen und Psychiatrie-Erfahrenen ermöglichen soll (DIETZ u.a. 1998). Das Verhandlungsprinzip soll neue Wachstums- bzw. Heilungschancen eröffnen. Verhandeln statt behandeln wird zum neuen Reformmotto, das neue Mitwirkungs- und Selbsthilfeaktivitäten entfachen soll. Doch wie verhandlungsbereit sind die Praktiker vor Ort wirklich, wenn es sich bei einem Patienten um eine akute Psychose handelt?

Ich will nicht behaupten, dass der Begriff »Verhandlung« eine leere Worthülse sei, es muss aber betont werden, dass Reformbegriffe auch in einer neuen Praxis verwurzelt werden müssen. Nicht wenige Reformpsychiater wünschen sich sehnlichst Reformen herbei, die Psychiatrie-Erfahrenen mehr Wirkungs- und Einflussmöglichkeiten gewähren, doch die biologisch ausgerichtete Psychiatrie scheint im biopsychosozialen Reformmodell immer noch dominant zu sein. Bei den Reformprogrammen wird zwar am Prinzip Selbsthilfe festgehalten, doch es muss »nicht nur den Selbsthilfegruppen und Betroffenen die Möglichkeit zur Mitarbeit offen stehen, sondern darüber hinaus müssen diese das Schwergewicht bei der Entscheidungskompetenz erhalten« (STÖCKLE 1983, S. 275).

Diese den Betroffenen zugestandene Entscheidungskompetenz in allen Belangen ist bislang in der Reformpsychiatrie noch nicht verwirklicht worden. Die Bedeutung des Konzepts der Selbsthilfe wird von den Professionellen zumeist als komplementäre (lediglich ergänzende) Möglichkeit im Rahmen der Entwicklung des bestehenden psychiatrischen Versorgungssystems gesehen (THOM/WULFF 1990, S. 378–409; BÖKER 1990, S. 886–892; BÖKER/BRENNER 1986, S. 176–188). Auf Grund der immer noch dominierenden Biopsychiatrie entspricht die gegenwärtige psychosoziale Versorgungsreform keiner *grundsätzlich* neuen Psychiatrie, denn die zentralen Säulen der Versorgung – die Kategorie Krankheit und die jeweiligen Interventionstechnologien – werden nicht hinterfragt und den Betroffenen werden keine Selbstgestaltungsfähigkeiten und keine »Souveränität« zugeschrieben.

Um wegzukommen vom eingeengten Selbsthilfebegriff der psychiatrischen Versorgung, müssten andere Denkmodelle und praktische Ausrichtungen von Selbsthilfe entwickelt werden. Sie müsste sich den Meinungen vieler Psychiatrie-Erfahrener entsprechend aus dem psychiatrischen Behandlungssystem »herauslösen« und alternative Selbsthilfekonzepte entwickeln, die den Gestaltungsfähigkeiten der Psychiatrie-Erfahrenen einen größeren Platz einräumen.

Dabei sollte Selbsthilfe auf ein neues Verständnis der Professionellen hinarbeiten und eine andere Ebene der Zusammenarbeit mit den Betroffenen in Betracht ziehen. Danach bestimmen die Betroffenen, wie, wann und wofür die Professionellen eingesetzt werden. Außerdem legen die

Psychiatrie-Erfahrenen fest, welche Form der Zusammenarbeit und welche Qualifikationsanforderungen sie wünschen.

Interviews mit Betroffenen in Bremer Tagesstätten ergaben, dass Chemo- und Psychotherapie nicht durchweg abgelehnt wurden: Die meisten der Interviewten nahmen noch Medikamente, nur wenige hatten sie erst vor kurzem abgesetzt. Sie forderten jedoch ein neues professionelles Profil, das insbesondere »Einfühlungsvermögen und Gesprächsbereitschaft« beinhaltet. Diese werden als wesentliche menschliche Qualitäten in der Zusammenarbeit mit Professionellen angesehen. Solche Professionelle sind wünschenswert, die »offener«, »aufgeschlossener« und »künstlerisch-kreativ« mit Andersartigkeit umgehen. Warum distanzieren sich Betroffene von Profis? Eine Interviewpartnerin formulierte dies wie folgt: »Wenn ich in eine psychische Krise gerate, ist es mein wichtigstes Anliegen, mich von Psycho-Profis fern zu halten. Hätten diese Profis weniger Angst vor Ausnahmezuständen und wären ihre Abwehrmechanismen nicht so ausgefeilt, dann bräuchte ich sie nicht zu meiden.« (HELLERICH 1995)

Auf Grund der immer noch von einigen Psychiatrisierten erfahrenen Distanz der Helfer und hierarchischen Subjekt-Objekt-Verhältnissen in der Behandlung ist nicht selten eine der gewünschten Formen der Selbsthilfe gegenseitige Hilfe ohne professionelle Beteiligung. Wie aber können Betroffene anderen Betroffenen Hilfe gewähren? Welche Art der Qualifikation sollten sie aufweisen? Professionelle werden aus der Sicht der Psychiatrie-Erfahrenen auf Grund ihrer Ausbildung als Experten der Behandlung bezeichnet. Die Betroffenen haben nicht diese psychiatrische Ausbildung, sie haben aber ihr Wissen und ihre eigenen Erfahrungen, etwa aus psychotischen Erlebnissen, sowie Kompetenzen aus dem eigenen Umgang mit psychischer Andersartigkeit entwickelt. Eine Psychiatrie-Erfahrene kritisierte die Professionellen in der Weise, dass sie ihnen »Textbuchwissen und fehlende zwischenmenschliche Beziehungen« vorwarf und sie selbst von »Erfahrungswissen« sprach. Hier wird aus der Perspektive Psychiatrie-Erfahrener polarisiert zwischen Erfahrungs- und professionellem Wissen. Wahrscheinlich wäre ein Zusammenspiel beider für ihren Gesundungsprozess sinnvoller als eine postulierte Vergegensätzlichung, doch sind es sicherlich ihre früheren, zumeist negativen klinischen Behandlungserfahrungen, die sie so denken lassen.

Zwischenmenschliche Qualitäten der Empathie und der Begegnung sind bei den Psychiatrie-Erfahrenen gefragt, was in der gegenseitigen Hilfe zum Ausdruck gebracht wird. »Nie haben wir erlebt, dass es länger als einige Minuten dauerte«, so formulierte es eine Psychiatrie-Erfahrene, »bis ein Akutpsychotiker sich im Arm halten und hinlegen lässt. Lege dich zu ihm, sorge dafür, dass dein Körper dicht an seinem liegt. Deine ruhige, gleichmäßige Atmung wird ihn zur Ruhe bringen. Er braucht vorrangig Ruhe und eine verlässliche, wohlwollende Umgebung.« (HELLERICH 1995)

Neben der verstehenden, empathischen Begleitung in Krisenzeiten ist eine weitere Art der gewünschten Selbsthilfe ein örtlicher Zusammenschluss in Gruppen, und zwar jenseits medizinischer Krankheitskonstruktionen, nämlich schlicht um etwas Gemeinsames zu tun, sei es zu schreiben, zu malen, Theater zu spielen, zu musizieren, Ausflüge zu machen. Mit der Ausblendung der Krankheit, d.h. der Defizite und Mängel, treten in dieser Form der Selbsthilfe die Potenziale in den Vordergrund. Der psychisch begrenzte Blick wird entgrenzt und geweitet und die Öffnung zu den verschiedenen Fähigkeiten der Betroffenen ermöglicht eine bunte Palette eines vielleicht sogar »fröhlichen« Schaffens. Werden die Potenziale und nicht die Defizite in den Mittelpunkt gestellt, dann erübrigen sich auch die Grenzziehungen zwischen »gesund« und »krank«. Im Blaumeier-Atelier in Bremen hat man sich für die eigene Arbeit den Begriff »Grenzüberschreitungen« zum Motto gewählt. Dieser Begriff soll den Durchstoß durch die Normengrenzen, die Grenzen zwischen Normalität und Verrücktheit, aber auch die Grenzen des Denkens und der alltäglichen Praxis signalisieren. Diese Grenzüberschreitung soll auf verschiedenste Weise in Szene gesetzt werden: spielerisch, musikalisch, vortragend, diskutierend, clownesk oder auch bildnerisch. Hier wird Selbstrehabilitation im außerpsychiatrischen Kontext praktiziert, denn die Arbeit beinhaltet keinen therapeutischen Anspruch. Wer mitmacht, macht als Kunst-Schaffender mit.

Kapitel 4
Der Blick auf die Selbsthilferessourcen

Einstellungen zur Gesundheit

Der Fokus der psychiatrischen Versorgung ist auf die Krankheit und das Kranksein ausgerichtet. Fragen nach Gesundheit werden nach wie vor nur selten gestellt. Ein Blick in die Lehrbücher der Psychiatrie genügt, um das Wesen psychiatrischen Denkens klar und deutlich zu erkennen: Es geht um Symptome, ihre Klassifikation und um Abgrenzungsprobleme – also um die wissenschaftliche Bestimmung des Defizitären, Gestörten, Abweichenden. Zwar hat die Reformpsychiatrie Kritik am eindimensionalen Modell geübt, doch auch die gemeindenahe psychosoziale Versorgung gründet ihre Vorstellungen auf einem – wenn auch erweiterten und ergänzten – Krankheitsbegriff und klammert Erörterungen über Gesundheit bei Psychiatrie-Patienten häufig aus.

Obwohl sich seit mehreren Jahren gesundheitswissenschaftliche Diskurse häufen und neue Public-Health-Studiengänge eingerichtet werden, laufen in der Psychiatrie diese Diskussionen bislang nur langsam an. Ansätze in der Literatur bieten ANTONOVSKY 1997 und LUTZ/MARK 1995.

In einem Forschungsprojekt der Fachhochschule Bremen zum Thema »Das Verschwinden der modernen Psychiatrie in der Postmoderne« haben wir uns zunächst mit den Begriffen »Krankheit« und »Behandlung« auseinander gesetzt, merkten aber nach einiger Zeit, dass die Interviews mit den Betroffenen zu kurz griffen, so dass wir das Projekt um qualitative Befragungen mit Psychiatrie-Erfahrenen über Gesundheitsfragen erweiterten. Befragt wurden 15 Besucher von Tagesstätten und Cafés für Psychiatrie-Erfahrene. Dabei ergaben sich die folgenden gesundheitlichen Perspektiven.

Gesundheit als Luxusdenken

Etwa ein Viertel der Interviewten konnten mit dem Begriff »Gesundheit« überhaupt nichts anfangen. »Damit habe ich mich überhaupt noch nicht beschäftigt!« oder »Wissen Sie denn nicht, dass hier alle geisteskrank sind?« waren typische Aussagen für diese Gruppe. Lebensgeschichtliche Recherchen ergaben, dass es sich bei dieser Personengruppe um »Drehtürpatienten« handelte, die erst kürzlich aus der Klinik entlassen worden waren. Ihre ganze Energie wurde in krankheits- und klinikvermeidende Krisenbewältigungsprozesse investiert, wobei ihnen die Frage nach der Gesundheit als abwegig, als Luxusdenken in ihrer gegenwärtigen Situation erscheinen musste.

Gesundheit als Abwesenheit von Krankheit

Indem versucht wurde auf das Verhältnis zwischen Krankheit und Gesundheit einzugehen, war doch schnell Konsens bei einigen Psychiatrie-Erfahrenen in der Weise hergestellt worden, dass sie Gesundheit als die Negation der Krankheit bezeichneten. »Gesund ist, wenn's einem einigermaßen gut geht und man nicht ins Krankenhaus muss!«, »Gesund ist jemand, der es schafft, nicht in die Klinik zu müssen.« Diese Aussagen sind für Menschen nachvollziehbar, die ständig gegen Klinikeinweisungen anzukämpfen haben.

Gesundheit als soziales Problem

Ungefähr die Hälfte der Befragten konnte mit dem Gesundheitsbegriff zwar anfangs kaum etwas anfangen, als dann aber einige Zusatzfragen etwa nach dem Zusammenhang von Gesundheit mit Arbeit, Ehe und Familie gestellt wurden, intensivierten sich die Beiträge. Übereinstimmend bejaht wurde die Korrelation zwischen sozialen Bedingungen und Gesundheit. Ehe bzw. Familie wurde als Ressource für Gesundheit auf der einen und als Stressfaktor auf der anderen Seite betrachtet. »Wenn's in der Partnerschaft nicht stimmt, kann der Mensch nicht gesund sein.«

Für viele aus Familien- und Partnerbeziehungen herausgelöste und in den »normalen« Gesellschaftsstrukturen kaum verwurzelte Psychiatrie-Erfahrene ist die Einsamkeit ein Alltagsproblem, das sie als belastend und gesundheitsbeeinträchtigend bezeichnen. Kontakte, beispielsweise durch Kneipenbesuche, tragen für einige Personen zum Gesundfühlen bei. Tagesstätten wurden als kompensatorische Einrichtungen bewertet, auch wenn es einige als störend empfanden, dass dort sehr viel über Krankheiten diskutiert würde.

Kontrovers wurde der Bezug von Arbeit und Gesundheit bewertet. Während wenige der Meinung waren, dass ohne Arbeit »einem die Decke auf den Kopf fällt«, standen die meisten Psychiatrie-Erfahrenen insbesondere der Industriearbeit skeptisch gegenüber. Berufsarbeit wurde als monoton, stupide und krank machend charakterisiert. Eine Sozialhilfeempfängerin äußerte sich: »Lieber habe ich weniger Geld und mehr Zeit und Freiheit, als dass ich arbeiten gehe.« Auch die hierarchischen Strukturen in der Arbeitswelt wurden als höchst fragwürdig für die gesunde Entwicklung beurteilt.

Gesundheit als Genussfähigkeit

Mit der zur Gesundheit in Beziehung gesetzten Genussfähigkeit (Muße, Sexualität etc.) konnten die Betroffenen weniger anfangen. Wobei nicht deutlich wurde, ob die Psychiatrie-Erfahrungen die entsprechenden Fähigkeiten zerstört hatten oder ob sie auf Grund negativer Erfahrungen unfähig waren, Positives im Leben zu sehen und zu erwarten und ihr Leben wohlwollend und wohltuend zu gestalten.

Etwa ein Viertel der Befragten schien sich schon vorher zum Begriff »Gesundheit« Gedanken gemacht zu haben. Dabei handelte es sich um Betroffene, die sich zum überwiegenden Teil schon seit Jahren nicht mehr in der Klinik aufgehalten hatten, an einer Zeitschrift mitarbeiteten oder im Bundesverband der Psychiatrie-Erfahrenen engagiert waren. Gesundheit wurde mit Lebensqualität in Verbindung gebracht. Eine Befragte fühlte sich dann gesund, wenn sie »eine Lebensaufgabe habe, die mir einen tiefen Sinn gibt«.

Es wurde Kritik an der Konsum- und Leistungsgesellschaft geübt und der Normalitätsbegriff kritisch hinterfragt.

Gesundheit als Wohlbefinden

Zwei der Psychiatrie-Erfahrenen zitierten sinngemäß die WHO-Definition, dass Gesundheit ein Zustand vollkommenen körperlichen, geistigen und psychischen Wohlbefindens sei. Wichtig für die beiden war, dass Gesundheit als völliges Wohlbefinden ein ganzheitliches Konzept ist. Wesentlich ist ihnen dementsprechend, das durch das Ökonomische und Soziale hervorgebrachte Unwohlsein zu überwinden, was ihrer Meinung nach auch gesellschaftliche Veränderungen notwendig macht.

Gesundheit als Bewältigung von Krisen

Interessant erschien mir auch die Aussage einer Betroffenen, die die Gesundheit nicht als einen Gleichgewichtszustand betrachtete, wie häufig im westlichen Denken verankert, sondern zur Gesundheit auch krisenhafte

Zustände, den Umgang mit Krisen hinzurechnete: »Gesund bin ich, wenn ich mit meinen Krisen umgehen kann!«

Zusammenfassend lässt sich festhalten, dass die qualitativen Interviews, wie erwartet, kein einheitliches Bild der Psychiatrie-Erfahrenen über ihre Gesundheitsvorstellungen ergaben. Während sich einige der Betroffenen noch keine Gedanken zur Gesundheit gemacht hatten, war der Reflexionsgrad am anderen Ende des Spektrums sehr hoch. Für die überwiegende Mehrheit der Befragten hat der Begriff einen Sinn und eine Bedeutung in ihrem Leben, auch wenn er – aus der Lebensgeschichte verständlich – nicht selten mit krankheits- und krisenzentrierten Erfahrungen in Bezug gesetzt wurde.

Wie wirken sich nun die oben diskutierten Gesundheitsvorstellungen auf die Konzeptionen von Selbsthilfe aus?

Selbsthilferessourcen in den Vordergrund rücken

Nachdem zuvor die Gesundheitsanteile der Psychiatrie-Erfahrenen skizziert wurden, sollen nunmehr die Vorstellungen Psychiatrie-Betroffener zum Thema Selbsthilfe vorgestellt werden. Bevor die Ergebnisse des qualitativen Interviews dargestellt und analysiert werden, soll kurz auf die zurzeit in Deutschland immer noch gehegten Zweifel am Selbsthilfepotenzial oder zumindest auf die Vorsicht gegenüber Selbsthilfegruppen, die von Betroffenen selbst initiiert und organisiert werden, hingewiesen werden. Abschließend wird die Bedeutung der Selbsthilfe hervorgehoben.

Seit Ende der sechziger Jahre haben sich diverse Selbsthilfeprojekte konstituiert: Arbeits- und Ausbildungsprojekte, freie Schulen, Wohnprojekte, soziokulturelle Initiativen etc. Auch im psychosozialen Bereich haben Menschen mit Lebensproblemen, in persönlichen Krisen oder in anderen Notlagen Selbsthilfegruppen gebildet. Experten im Bereich der Gesundheit erkennen mehr und mehr, dass Reformen im Gesundheitswesen nur gemeinsam mit Selbsthilfegruppen erreicht werden können (KRAUSE-GIRTH 1991, S. 57). Professionelle Therapeuten wie H. Petzold haben längst die Bedeutung der Nicht-Professionellen oder »Laien« in der Psychosomatik entdeckt. Petzold konstruiert den Begriff der »doppelten Expertenschaft« der »Laien« – als Experten bezüglich Gesundheit und Krankheit (PETZOLD 1991, S. 24) – sowie der »zweifachen Expertenschaft« der professionellen Helfer und der »Betroffenen mit Erfahrung« (ebd., S. 232). H. Petzold fragt sich, wie Selbsthilfegruppen und Fachleute zusammenarbeiten können.

»Selbsthilfegruppen anregen, unterstützen und beraten« ist das Motto von L.M. MOELLER (1992, S. 83). Ihm zufolge können Selbsthilfegruppen »ganz für sich arbeiten, mehrere Hunderttausend tun es bereits. Aber Fachleute können deren Entwicklung außerordentlich fördern und dabei für ihre eigene berufliche Tätigkeit noch gewinnen.« (ebd., S. 93) Neben den traditionellen Alkoholiker-Gruppen gibt es inzwischen ein breites Spektrum von gesundheitsbezogenen Selbsthilfegruppen.

Es stellt sich die Frage, warum die Experten der Psychiatrie so vorsichtig und zurückhaltend gegenüber Eigenaktivität und Selbstverantwortlichkeit der Patienten sind, warum sie die Betroffenen kaum an der Gestaltung psychosozialer Dienste mitwirken lassen wollen. Die Vermutung liegt nahe, dass das psychiatrische Personal die Psychiatrie-Erfahrenen nicht wie etwa von H. Petzold vorgeschlagen als Experten in Sachen Gesundheit und Krankheit betrachtet, sondern sie als krank, gestört, defizitär bewertet, als Kranke also, die sich eben nicht wirksam selbst bestimmen, entwickeln, organisieren und helfen können. Es werden den Betroffenen grundlegende Fähigkeiten und Ressourcen abgesprochen. So ist es nicht verwunderlich, dass sich die aus der Psychiatrie-Enquete erwachsene und in den jeweiligen Ländern umgesetzte Selbsthilfe, zum Beispiel in den Tagesstätten, auf Tätigkeiten wie Kaffeekochen, Einkaufen und ein- bis zweimalige Essenszubereitung pro Woche beschränkt. Hier wird meiner Einschätzung nach ein großes Potenzial verkannt.

Die Reformen bewirken durchaus eine Ergänzung und eine Erweiterung der Psychiatrie. Es kommt zu einer Umstrukturierung der stationären, ambulanten und komplementären Versorgung. Das medizinische Modell wird in ein biopsychosoziales Modell verwandelt. Probleme werden nunmehr multidisziplinär angegangen, was nicht zur Verringerung der Anzahl der Experten, sondern zu ihrer Vermehrung beiträgt. Beratung und Behandlung finden, dem Reformeifer entsprechend, im Zusammenwirken mehrerer Experten statt (siehe Enquete 1975).

Die vielfältigen, gesunden, wissenden, biopsychosozialen Spezialisten tun etwas für die kranken, gestörten, anomalen, unwissenden Patienten. Doch setzt sich die Erkenntnis immer mehr durch, dass aus finanziellen wie auch rehabilitativen Gründen die Expertokratie an ihre Grenzen stößt. Dies mag auch der Beweggrund dafür gewesen sein, dass die Enquete auf die Förderung von Selbsthilfegruppen der Betroffenen hingewiesen hat. Von einer »planmäßigen« Förderung (ebd., S. 16) kann jedoch nicht die Rede sein, denn es gibt keinen Plan der systematischen Unterstützung von Selbsthilfegruppen in der Enquete. Lediglich an anderer Stelle findet sich ein Hinweis auf die vor allem im Bereich Sucht in den USA gut laufenden Selbsthilfeprojekte. Die Selbsthilfepraktiken sollen aber von den Experten sorgfältig analysiert und überprüft werden. Die günstigen Resultate sollen »bei aller noch notwendigen Zurückhaltung« (S. 198) im Hinblick auf die therapeutischen Chancen und Risiken beurteilt werden.

Es stellt sich die Frage, ob sich die von der Expertenkommission konzipierte Reform von ihren theoretischen Annahmen her nicht inzwischen historisch erübrigt hat und ob ihr Anspruch, für die Hilfebedürftigen zu sprechen, nicht längst das Wissen und Sprechen der Betroffenen selbst blockiert und schwächt.

Einstellungen zur Selbsthilfe – Untersuchungsergebnisse

Unser Projekt zur Psychiatrie in der Postmoderne ging vor der Untersuchung davon aus, dass die Mehrheit der Psychiatrie-Betroffenen nicht nur vom Selbsthilfekonzept begeistert sein, sondern dieses auch in der Praxis tatkräftig unterstützen würde. Unsere Annahme basierte auf den zuvor durchgeführten Untersuchungen, in denen die Betroffenen der Fremdrehabilitation – insbesondere der klinischen – skeptisch oder sogar ablehnend gegenüberstanden (HELLERICH 1996, S. 15 ff.). Wenn die Betroffenen sich vehement gegen eine Klinikeinweisung zur Wehr setzen, kann die Selbsthilfeidee – so unsere Überlegungen – für ihre Zielvorstellung als präventives Mittel nur von Nutzen sein. Darüber hinaus hatten unsere Voruntersuchungen auch Gesundheitsressourcen bei Psychiatrie-Betroffenen bestätigt (HELLERICH 1997, S. 9 f.), so dass wir annahmen, dass Psychiatrie-Betroffene in der Lage sind, sich selbst zu helfen, und dass ihre Vorstellungen entsprechend geprägt seien.

Bei den qualitativ durchgeführten Interviews, bei denen 40 Psychiatrie-Erfahrene in Tagesstätten über ihre Vorstellungen zur Selbsthilfe befragt wurden, war ungefähr ein Drittel gegen jegliche Form der Selbsthilfe. Folgende Gründe wurden dafür angeführt:

Eine 35-jährige häufig manische Frau sagte zum Beispiel: »Es ist sehr schwierig ohne Klinik und Medikamente ... Mit der Selbsthilfe ist es deswegen so schwierig, weil ich mir gar nicht vorstellen kann, immer bei jemandem zu sein, der auch manisch ist.«

Eine Frau konnte sich Selbsthilfe Betroffener nicht vorstellen, weil die »Kranken manchmal auch nicht so leicht sind« und außerdem – so ihre Meinung – seien sie »kaputt«, »da kann man sich nicht gegenseitig helfen, man zieht sich eher gegenseitig runter«.

Ein 35-jähriger Mann begründete seine ablehnende Haltung gegenüber Selbsthilfe so: »Selbsthilfe von unten? Nee, die Betreuer kriegen das doch bezahlt; die sollen was tun. Das ist ja auch gut, dass es Betreuer gibt, die sollen nur richtig arbeiten und uns nicht unter Druck setzen.« Einigen Betroffenen schien die eigene psychische Konstitution dem Selbsthilfegedanken zu widersprechen. »Selbsthilfe, ja wie stellst du dir das vor?«, fragte ein dreißigjähriger Mann. »Sollen sich die psychisch Kranken den Kopf abdrehen und einen neuen draufmontieren? Viele sitzen einfach nur rum, die haben gar kein Interesse, anderen zu helfen.«

Von den zwei Dritteln, die sich grundsätzlich für Selbsthilfe aussprachen, war ein großer Teil, nämlich etwa 40 Prozent, nur begrenzt für Selbsthilfe offen – entweder auf sich selbst oder auf einen konkreten Mitmenschen bezogen – und lehnte jegliche Selbsthilfe in Gruppen ab. Einige beschränkten sich in ihren Selbsthilfevorstellungen auf ihre eigenen Handlungsmöglichkeiten wie Tagebuchschreiben. »Das war wohl schon immer so eine Kraft in mir, über das Schreiben und Malen konnte ich mich mitteilen und wohl auch einiges verarbeiten« – so äußerte sich einer der Betroffenen.

Für eine Betroffene ist Arbeit Selbsthilfe: »Ich muss meine Arbeit haben, das ist meine Selbsthilfe, sozusagen, das gibt mir Tagesstruktur, damit mir zu Hause nicht die Decke auf den Kopf fällt.«

Für andere wiederum ist eine Person ihres Vertrauens der Mittelpunkt einer außerhalb der Klinik durchgestandenen Krise. Folgende Aussagen unterstützen diese Perspektive: »Wenn ich in eine Krise rutsche, merke ich noch sehr viel, und mit meinem neuen Freund habe ich jetzt erstmals eine Psychose zusammen durchgestanden – der war einfach nur da.« Oder: »Ich wünsche mir wieder eine Freundin, das ist die beste Selbsthilfe.« Und: »Wenn es mir schlecht geht, dann gehe ich zu einem Freund und rede mit ihm.«

Zuweilen sind auch die Beziehungen zu Verwandten oder Arbeitskollegen so tragfähig, dass sie helfen eine Krise durchzustehen.

Etwa 60 Prozent der selbsthilfebejahenden Psychiatrie-Erfahrenen, also 40 Prozent aller Interviewten, befürworteten Selbstrehabilitation in Gruppen, wobei unterschiedliche Vorstellungen über die spezifischen Formen der Hilfe in selbst organisierten Gruppen herrschten. Für die einen sind es Kontakte, die wichtig sind, um aus der krisenbegünstigenden Einsamkeit herauszukommen; für andere ist es wichtig, dass ihnen bei Krisen jemand zuhört und sie ihre Probleme erzählen können. Für wieder andere liegt der Sinn der Selbsthilfe darin, »Erfahrungen auszutauschen«, »sich gegenseitig Mut zu machen« und sich »zu bestärken«. Es wird nach einer Gruppe gesucht, die »einen stützt«.

Selbsthilfe wird von vielen Betroffenen als Alternative zur Klinik oder auch als Auffangmöglichkeit nach der Klinik gesehen. Eine 55-jährige Frau betonte diesbezüglich: »Ich will nicht wieder in die Klinik, darum ist auch das Thema Selbsthilfe so wichtig für mich, das beschäftigt mich sehr. Ich denke, ich kann nicht immer in der Klinik leben und ich will mir auch selbst helfen können und hier wieder Fuß fassen.« Ein 30-jähriger Mann betrachtet Selbsthilfe als eine postklinische Stütze: »Wenn man aus der Klinik kommt, weiß man erst mal nicht mehr, wo es langgeht. Es wäre gut, wenn es einen vertrauten Kreis gäbe, der einen wieder aufbaut.«

Insbesondere nachts gibt es außerhalb der Klinik zumeist kaum Möglichkeiten, auf Krisen einzugehen. Nachts will auch niemand andere Menschen belästigen, wie eine 35-jährige Frau sich äußerte: »Nachts traue ich mich niemanden anzurufen.« Ein gleichaltriger Mann beklagte sich, dass »man meistens nicht weiß, wohin, gerade nachts, und dann geht sie erst so richtig los, die Krise«. Sinnvoll wäre es für viele Betroffene, eine Selbsthilfe zu organisieren, die nachts Menschen in Krisen Auffangmöglichkeiten gewährt. Hier scheint noch ein großes Selbsthilfedefizit zu bestehen.

Ressourcen: Wer suchet, der findet

Welches sind nun die Ressourcen, die Selbsthilfeprojekte Psychiatrie-Erfahrener fördern? Was sind deren persönliche und soziale Fähigkeiten? Worin steckt ihr Potenzial bzw. ihre Handlungsqualifikation? Der wesentliche Effekt der Selbsthilfeprojekte ist wohl der, dass sich eine Vielfalt von Personen mit psychosozialen Problemen als Ressourcenpool konzipiert (RIESSMAN/CARROL 1995). Das beinhaltet eine völlige Umkehrung des medizinischen Modells: Es findet ein qualitativer Sprung von der Bedürftigkeit zur Befähigung statt. F. Hölderlins dichterische Worte »Wo aber Gefahr ist, wächst das Rettende auch« lassen sich auf den psychosozial Leidenden übertragen, denn wie Gefahr und Rettung sich gegenseitig bedingen, so auch das Problem und die Ressourcen.

Das Traurige der Psychiatriegeschichte ist, dass sie den Problemträger seines Problems enteignet hat, indem sie es medizinischen Diagnose- und Klassifikationssystemen unterordnete und so aus dem psychosozialen, lebensgeschichtlichen Problem und Leiden eine Krankheit machte. Die Professionellen reden in der Behandlung über diese diagnostizierte Krankheit und wie sie behoben werden kann und nicht über die sozialgeschichtliche, Leiden hervorrufende Problematik. In den Interviews wies der selbsthilfebejahende Personenkreis immer wieder darauf hin, dass die Professionellen der Alltagswelt der Leidenden distanziert gegenüberstehen, und es wurden Zweifel geäußert, ob Ärzte bzw. Therapeuten so in der Lage sind, anderen zu helfen. Dies wäre nur möglich, wenn auf soziale Probleme und auf individuelle, alltägliche Leidensumstände eingegangen wird. Solch ein Vorgehen wäre in einer Selbsthilfegruppe denkbar: »Man kann über seine Probleme sprechen. Man bekommt Denkanstöße, wenn ähnlich gelegene Situationen erwähnt werden. Erfahrungsaustausch ist sehr positiv«, so ein 56-Jähriger. Eine 48-jährige Betroffene äußerte sich wie folgt:»Alle Menschen haben doch Probleme, da kann man sich doch helfen, darüber reden und auch mal was zusammen machen.«

Das lebensweltliche Wissen der Selbsthilfe steht dem wissenschaftlichen System der Spezialisten gegenüber. Dabei fordert das »Laien-Wissen« der Psychiatrie-Erfahrenen die wissenschaftliche Objektivität der Experten heraus und weist den Weg, wie ein Problem definiert wird und welche Problemlösungsstrategien möglich sind. Gegenüber dem medizinischen Akademiker-Wissen zählt bei den psychosozial Leidenden das Alltagswissen, und statt der Wissenschaftlichkeit des psychiatrischen Wissens betonen die Psychiatrie-Erfahrenen das »Privileg der Erfahrung« (WILLIAMS/POPAY 1994, S. 118 ff.). Das Erfahrungswissen ist variationsreich, differenziert und von lokaler Bedeutung – in gewisser Hinsicht »postmodern« (S. 123), es ist daher kein pathologisches Wissen, das einen »Kranken« durchdringt; es ist ebenso wenig ein nach ärztlichen Standards bewertetes Wissen der »Non-Compliance«. Vielmehr ist es eine Fähigkeit, den Alltag verstehen zu lernen, oder es stellt eine Gesundheitsressource dar, sich offen zu halten für lebensweltliche Problembewältigungen und mögliche Neugestaltungen.

In unseren Interviews wird die Bedeutung der Erfahrung der Betroffenen gegenüber den nicht vom psychosozialen Leiden und den diesbezüglichen Erfahrungen geprägten Ärzten bzw. Therapeuten durch die folgenden Worte offensichtlich:»Ich bin gerade auf der Suche nach einer Selbsthilfe. Es ist mir wichtig, weil in meiner kranken Zeit so viel passiert ist. Ich habe das Bedürfnis, das zu erzählen und zu fragen, woran es gelegen hat, das geht mit Therapeuten schlecht. Ich will reden, ein Therapeut hat das selbst nicht erfahren, er tut es als Krankheit ab; ich sehe es nicht als Krankheit. Sieht er es nicht als Krankheit, besteht die Gefahr, dass er es als Ausschweifung ansieht und es als etwas Leichtes abtut oder herunterspielt.« Eine andere Psychiatrie-Betroffene bezeichnete jeden Psychiatrie-Erfahrenen als »Experten seiner Problematik«.

Eine weitere Ressource ist die zunehmende Reflexivität, was sich in der Skepsis gegenüber der modernen Medizin und der ihr zu Grunde liegenden Technologie zeigt (WILLIAMS/CALNAN 1996, S. 106 ff.). Die aus den »normalen« Arbeitsverhältnissen oft »freigesetzten« und zumeist nicht »marktgängigen« Psychiatrie-Erfahrenen haben viel Zeit und neue Spielräume. Sie sind nicht länger passiv und von Arbeitsmarktstrukturen abhängig, sondern wollen ihre Lebensmöglichkeiten ergründen und legen oft Wert darauf, ihr Bewusstsein zu erweitern (CHAMBERLIN 1978, S. 63 ff.). Dieser Prozess weckt ein neues Vertrauen in die eigenen Stärken und Fähigkeiten (S. 78).

Die Interviews enthüllen, dass selbst ein Teil des selbsthilfeverneinenden Personenkreises der medizinischen Psychiatrie skeptisch gegenübersteht. Diese Personen kritisieren, dass die Psychiatrie sie zu »willenlosen Geschöpfen macht«, ihnen »falsche« oder »zu viele Medikamente gibt«, »sie sich dort klein und unwichtig fühlen«, »völlig unselbstständig werden« (obwohl auch vom Schutzraum Psychiatrie gesprochen wird), »sich nicht verstanden fühlen« etc. Doch im Gegensatz zu dem selbsthilfebejahenden Personenkreis sehen sie keine Alternative zur Psychiatrie. Ihre Ideen sind nicht grenzüberschreitend. Aber auch die selbsthilfebejahenden Personen wollen sich nicht völlig von Professionellen loslösen, sondern sie mit anderen Funktionen und Beziehungsstrukturen in den Selbsthilfeprozess einbeziehen. Sie sollen »unterstützen«, wie eine Betroffene es nannte. Es werden der »Weitblick« und die »Übersicht« in Problemsituationen und das »Kontinuitätswahrende« gewürdigt. Die Professionellen sollen jedoch nicht machen, »was sie wollen«, sondern den von Betroffenen geäußerten Wünschen und Vorstellungen entsprechen.

Die Betroffenen, die ihre eigenen Gesundheitsressourcen entdecken und daher nicht länger durch Experten vertreten, sondern ihre eigenen Repräsentanten sein wollen, spüren in sich eine Kraft oder Macht über ihr eigenes Leben in der Form von neu entwickelten Kompetenzen, Kontrollübernahme, Eigenverantwortlichkeit und erweiterter Involvierung (siehe RAPPAPORT u.a. 1992, S. 84 ff.). Das Empowerment wäre, in Anlehnung an die Machtphilosophie Nietzsches, der selbst durch Abwendung von den Ärzten und durch die Hinwendung zu seinen eigenen Möglichkeiten sein eigenes Leiden zu beheben versuchte, dann nicht Macht *über* andere, sondern wäre Macht *als Kunst*, wobei das Leben die Form eines künstlerischen Phänomens annimmt (NIETZSCHE 1979, IV, S. 455). Die große Macht der künstlerischen Alltagsmöglichkeiten wird zu einer unentbehrlichen Gesundheitsressource für Selbsthilfepraktiken.

Präventive Selbsthilfepotenziale

Die Selbsthilfevorstellungen der psychosozial Leidenden stellen so etwas wie eine Anti-These zum medizinischen Modell dar, indem nämlich die Betroffenen versuchen, sich gegenseitig verstehende, individuelle und je subjektiv relevante Hilfemöglichkeiten zu gewähren. Nach S.P. SEGAL u.a. (1995, S. 269 ff.) ist es gerade das Wahrzeichen der Selbsthilfe, andere Hilfe als jene, die von der institutionellen Psychiatrie angeboten wird, zu leisten. Während die Letztere zumeist medizinisch und zeitweilig auch psychotherapeutisch tätig ist, legen die Selbsthilfen ihren Schwerpunkt auf das Soziale. Diese Art von Hilfe kann im Gegensatz zu den psychiatrisch rehabilitativen Diensten soziale Kontakte in den Mittelpunkt rücken. Die von vielen Psychiatrie-Erfahrenen erlebten Gefühle der Vereinzelung und Vereinsamung, die durch die Herauslösung aus familiären Kontexten und beruflichen Zusammenhängen sich ergeben, könnten überwunden werden. Insbesondere die Familie ist oft der Kontext krank machender Kommunikationsstrukturen (BATESON u.a. 1990) und der Ort unerträglicher Situationen, die durch Tücken und Widersprüchlichkeiten (LAING/ESTERSON 1975) gekennzeichnet sind. Das Herauslösen ist zumeist eine sinnvolle Überlebensstrategie, birgt jedoch gleichzeitig die Gefahr einer oft schwer zu bewältigenden Belastung, wenn der Mensch auf sich allein gestellt und auf sich zurückgeworfen wird. Selbsthilfegruppen können Personen auffangen, die auf Grund familiärer Bedingungen oder allgemeiner sozialer Isolation psychisch instabil geworden sind und Klinikeinweisungen hinter sich haben oder denen eine psychiatrische Behandlung drohen könnte. Mithilfe der sozialen Stützpotenziale (KEUPP/RÖHRLE 1987) in den Selbsthilfestrukturen können:

- eine deutliche Zunahme von Kontaktfähigkeit,
- eine vermehrte Aufnahme intensiver Beziehungen und
- das Herstellen von Bindungsmöglichkeit ermöglicht werden.

Neben der prophylaktischen, sozioökonomischen Dimension ist auch der psychologische Aspekt der »Subjektwerdung« in Selbsthilfen von großer Bedeutung. Der psychisch Beeinträchtigte ist nicht länger den Macht- und Wissenssystemen der Expertenkultur unterlegen, sondern setzt sich gemeinsam mit anderen mit dieser Expertendominanz auseinander. Während die Fremdrehabilitation Distanz und Unterwürfigkeit schafft, führt das Mit-anderen-Sein zu einer selbstbestimmenden Subjektivität und stimuliert Initiativen und Selbstentwürfe. Die in Expertenkulturen typische Niedergeschlagenheit und massive Selbstabwertung werden durch das Freisetzen individueller schöpferischer Leistungen und Handlungen in ein neues Selbstwertgefühl verwandelt. Der Betreffende tritt aktiv für seine Interessen und für die der anderen ein. Er will mehr Einfluss nehmen auf seine Lebenswelt und seine Gesundheit sowie Gesundheitsrisiken erkennen und vermeiden.

Diese präventiv ausgerichteten Gesundheitsbemühungen könnten aber auch, über die Strategie der personalen und sozialen Entwicklung der Individuen in der Selbsthilfegruppe hinaus, Teil einer neuen sozialen Bewegung werden. Hier könnte ganz im Sinne von J. HABERMAS (1981) ein

Widerstand gegen die Dominierung der Lebenswelten und deren Kolonisierung geleistet werden (siehe auch KELLEHER 1994, S. 133 ff.).

Mit diesen Schritten könnten die Selbsthilfeprojekte ihre kleinen, lokalen, regionalen Welten transzendieren und versuchen Widerstandspotenziale gegen die Imperative der Expertenkultur zu entwickeln. Dabei könnten Experten-Konstruktionen von Krankheit und Abweichungen in Differenz und Vielfalt transformiert werden. Die Betroffenenkultur könnte eine neue Offenheit der Hilfe entwickeln und alltägliche, an das Expertensystem verloren gegangene Ressourcen zurückgewinnen.

Die Expertokratie führt zur Ausschließlichkeit der Experten, zu deren Dominanz bei der Problemdefinition und -lösung und zu der Zurückdrängung eigener Ressourcen. Je mehr an die Experten delegiert wird, desto weniger hilft sich der Mensch selbst. Aber ist der Betroffene nicht auch Experte seiner eigenen Erfahrungen, vielleicht gar ein Gegen-Experte?

In der Nemesis der Medizin betrachtet I. ILLICH (1995, S. 32) das medizinische Dienstleistungssystem als eine Gefahr für Selbsthilfe, in dem lähmende Abhängigkeiten produziert werden, die Ausmaße einer »Epidemie« erreichen. »Der Name dieser neuen Epidemie ist Iatrogenesis.« (S. 9) Die medizinische Expertokratie definiert, wer krank ist, was Krankheit ist, wodurch sie bedingt ist und sie schreibt dann vor, wie, wer, womit behandelt wird. Vielfältige Machtmechanismen und -techniken dringen in den menschlichen Körper ein und besetzen ihn (FOUCAULT 1976, S. 96). Die Medizin ist gekennzeichnet durch eine »unaufhörliche Sichtbarkeit und permanente Klassifizierung, Hierarchisierung und Qualifizierung der Individuen anhand von diagnostischen Grenzwerten« (FOUCAULT 1976, S. 72). Doch die Besetzung des Körpers erfolgt strategisch und taktisch dadurch, dass er als krank, gestört, behandlungsbedürftig, d.h. defizitär beurteilt wird. Indem die Ärzte definieren, was die Menschen benötigen, was ihnen fehlt, wo ihre Mängel, Defizite sind, welche Abhilfe dagegen benötigt wird, und sich dadurch als die allein wirksam helfenden Experten darstellen, erstirbt das Selbsthilfepotenzial und die Entmündigung durch den Experten schreitet voran (ILLICH 1976).

In unseren Interviews sagte ein Betroffener: »Man müsste überall mehr einbezogen und respektiert werden; man sieht es doch, die Psychiatrie-Erfahrenen lassen alles mit sich machen und haben keinen eigenen Antrieb. Das wird auch in der Psychiatrie nicht gelehrt, sondern eher kaputtgemacht.« Um diese Zerstörung der personalen Antriebskräfte zu vermeiden, sollten alle denkbaren Anstrengungen unternommen werden, eine Selbsthilfekultur aufzubauen, die sich nicht von der Expertenkultur abkapselt, sondern deren Potenzial klientenorientiert einbaut.

Kapitel 5
Der Blick in die Selbsthilfepraxis

Psychosoziale Selbsthilfebewegung

Die Suche nach Alternativen

Unzufrieden mit der institutionellen Psychiatrie, insbesondere mit der klinischen Versorgung, machten sich vielerorts Professionelle und Psychiatrie-Erfahrene auf die Suche nach alternativen Umgangs- und Behandlungsmöglichkeiten. Es entstanden ambulante und komplementäre Einrichtungen, die den Bedürfnissen der Psychiatrie-Erfahrenen eher entsprachen als die in ein Krankenhaus transformierte Anstalt. Die meisten Konzepte und Modelle sind von Professionellen initiiert worden, sei es die Soteria, das Weglaufhaus, das Selbsthilfe-Zentrum, das Atriumhaus, die »Brücke« oder das Biotop Mosbach.

Bei einigen Initiativen waren Professionelle beteiligt, die selbst Psychiatrie-Erfahrung hatten, beispielsweise bei der Gründung des Weglaufhauses in Berlin. Andere Alternativen wurden von Psychiatrie-Erfahrenen selbst initiiert, etwa die »Irrenoffensive« oder die »Nachtschwärmer«. Die Irrenoffensive kommt ganz ohne professionelle Beteiligung aus, lehnt ihre Mitarbeit sogar ab, das Nachtschwärmer-Projekt wird von Professionellen unterstützt. In einigen Gruppen verbringen die Teilnehmenden nur relativ kurze Zeit, trinken Kaffee, führen Gespräche und gehen wieder nach Hause; in anderen Gruppen wohnen und arbeiten die Betroffenen. So unterschiedlich die Gruppen auch sein mögen, es verbindet sie der gemeinsame Gedanke der Aktivierung bzw. der Förderung der Selbsthilfefähigkeiten bzw. des Empowerments (KNUF/SEIBERT 2000).

Bevor einige uns interessant erscheinende deutsche Selbsthilfeprojekte dargestellt werden, sollen zunächst einmal allgemeine Trends in der Selbsthilfeentwicklung erörtert werden. Es handelt sich dabei hauptsächlich um drei wesentliche Strategien der Selbsthilfegruppenstrukturierung: zum einen um professionell gesteuerte Selbsthilfegruppen, zweitens um selbst gesteuerte Selbsthilfegruppen und abschließend um Selbsthilfe mit professioneller Unterstützung.

Professionell gesteuerte Selbsthilfegruppen

Die Perspektive vieler Psychiatrie-Erfahrener, sich selbst zu helfen, gekoppelt mit der gleichzeitigen Einsicht, es ohne professionelle Hilfe nicht schaffen zu können, korrespondiert zum überwiegenden Teil mit der Sichtweise der meisten Professionellen, dass die Betroffenen ohne sie nicht in der Lage seien, eine Selbsthilfegruppe zu initiieren, aufzubauen und am Leben zu erhalten. Selbsthilfe wird dementsprechend gewährt innerhalb eines von Professionellen vorgegebenen und aufrechterhaltenen Rahmens.

Diesen Gruppen liegt die Leitidee zu Grunde, dass das psychosoziale Problem nur überwunden werden kann, wenn die Betreffenden Verantwortung für ihr Handeln übernehmen (MURRAY 1996) und wenn sie salutogenetisch statt pathogenetisch ausgerichtet sind. Das heißt: Sie sollen ihre erlernte Hilflosigkeit und ihre Abwehrmechanismen durch die Freisetzung eigener Ressourcen überwinden sowie die Entwicklung von Coping-Fähigkeiten und den Aufbau eines Selbstkonzeptes mit Hilfe von Selbststeuerungs- und Selbstkontrollpraktiken (siehe SEGAL u.a. 1993) erreichen. Die Teilnehmerinnen und Teilnehmer erwarten durch ihr Handeln in eigener Sache zudem mehr Anerkennung und weniger Stigmatisierung in der Bevölkerung.

Es gibt aber auch heute noch *radikalere* Formen professionell gesteuerter Selbsthilfegruppen, wie bereits weiter oben kurz erläutert. »Radikal« heißt in diesem Zusammenhang eine Auseinandersetzung mit und Grenzüberschreitung des vorgegebenen sozialpsychiatrischen Modells. Weltweit bekannt geworden ist das von den antipsychiatrisch ausgerichteten Professionellen R.D. Laing und D. Cooper entwickelte Kingsley-Hall-Projekt, das in einem Kontext äußerster Toleranz und in einem sozialen Klima der Regellosigkeit für ehemalige Psychiatrie-Patienten und potenzielle Psychiatrie-Insassen einen Rückzugsort darstellte. Hier konnten die Betroffenen ihren Wahn-Sinn ausleben und in der Gemeinschaft mit anderen, in ähnlicher Situation sich befindenden Menschen Geborgenheit finden, enge Beziehungen herstellen, ihre Potenziale freisetzen und sich produktiv mit ihren Problemen/Krisen auseinander setzen.

Diese antipsychiatrische, professionell gesteuerte Selbsthilfe in England dauerte zwar nur einige Jahre, doch für andere kritisch eingestellte Professionelle wurde Kingsley-Hall Modell für alternatives psychosoziales Denken und Handeln (z.B. das Burch-House in New Hampshire oder die in mehreren Staaten realisierten Soteria-Projekte). Das Burch-House ist eine Alternative zur psychiatrischen Hospitalisierung für Menschen, die sich in seelischer Not befinden und Selbstverantwortung und -kontrolle für ihren Heilungsprozess übernehmen wollen. In der familienartigen Atmosphäre wird eine Psychose als eine Episode bzw. als ein Übergangsstadium betrachtet, die zu positiven Lebensveränderungen beitragen kann, wenn von außen her nicht interveniert wird. Nicht Neuroleptika, sondern die familienähnliche Gruppenstrukturierung, in der alle Teilnehmenden (Professionelle und Betroffene) sich einbringen können und ihrem Verantwortungsgefühl nachkommen (siehe GOLDBLATT 1995, S. 155 ff.), sind bestimmend.

Auch die zuerst in Kalifornien gegründete, sich später auf Europa ausdehnende Soteria-Bewegung lehnte sich an R.D. Laing und D. Cooper an und die Professionellen und Betroffenen wollten den üblichen Machtfallen beim Umgang mit dem Wahnsinn entkommen. Das Engagement der kalifornischen Soteria bestand essenziell nicht darin, die Betroffenen »zu therapieren«, sondern mit ihnen in einen »Beziehungsaustausch« zu treten, der den Umständen entsprechend so normal wie möglich sein sollte. Mit anderen Worten, Soteria setzte den Leitgedanken des »Dabeiseins« (being with) anstelle des »Machens für« (doing to) (MOSHER/HENDRIX 1994, S. 16). Die eigenen Handlungsmöglichkeiten auf Grund der psychosozialen Krise bzw. der akuten Psychose anfangs waren noch sehr beschränkt, denn die Betroffenen befanden sich in einem Zustand des Unbeteiligtseins und der Selbstversunkenheit. In diesem, von Professionellen zu überwachenden Zustand konnten »nur wenige Aktivitäten und Anreize ihre Wirkung entfalten« (ebd., S. 65). Danach wurde ein offeneres Konzept des Dabeiseins entwickelt, das mehr Interaktionsmöglichkeiten und mehr Selbsthilfetätigkeiten sowie Selbstverwirklichungsebenen ermöglichte. Professionelle trugen also im Laufe der Krisenbewältigung dazu bei, dass die sich in einem ungewöhnlichen (sprich: verrückten) Zustand befindenden Personen mit zunächst eingeschränkten Selbsthilfemöglichkeiten allmählich wieder ihre eigenen Ressourcen und Potenziale entdecken und freisetzen konnten. Die Professionellen unterstützten im Dabeisein den Selbsthilfeprozess (»support groups«). Ähnliche, wenngleich stärker von der Medizin dominierte Unterstützungsgruppen lassen sich in den Soterien in Bern, Zwiefalten u.a. finden.

Die weiter unten aufgegriffenen Selbsthilfeprojekte wie das Biotop Mosbach, das Atriumhaus oder »Die Brücke« gehen in die Richtung professionell gesteuerter Selbsthilfeentfaltung.

Selbstgesteuerte Selbsthilfegruppen

Eine der bekanntesten Vertreterinnen der separatistischen Selbsthilfe, d. h. einer Selbsthilfeform, die ganz ohne Professionelle auskommen will, ist J. Chamberlin. In ihrem Buch *On Our Own* (1978) setzt sie sich mit der herrschenden Psychiatrie auseinander. Sie wirft ihr vor, dass sie sich nicht auf das psychosoziale Leiden des Menschen einlässt, ihm weder zuhört noch ihn in seinen Bedürfnissen und Problemen unterstützt und dass der Wahnsinn nicht ernst genommen wird. Innerhalb der herrschenden psychosozialen Versorgung wird der Wahnsinnige ständig bevormundet, indem ihm bestimmte Diagnoseschemata und Behandlungsprozeduren auferlegt werden, was zur Folge hat, dass er sich nicht selbst explorieren, finden und definieren kann.

Dies genau soll in einer selbst organisierten, selbst verwalteten Form der Hilfe ermöglicht werden. Da Professionelle meinen, mehr Wissen als Betroffene zu haben, und sie auch häufig dazu neigen, anderen ihr Wissen aufzudrücken, insbesondere denjenigen, die als defizitär, gestört und krank bezeichnet werden, versuchen sie ständig Einfluss auf die Ziele und die Gestaltung der Selbsthilfeorganisation zu nehmen. Dadurch wird das Potenzial der Betroffenen zurückgedrängt und die Kontrolle durch Psychiatrie-Erfahrene geht mehr und mehr verloren, denn »die kleine Minderheit der Nicht-Betroffenen übernahm Führungsrollen und bestimmte so die Ziele und Richtung«. Den neu gebildeten Organisationen dienten diese realen Erfahrungen als eindrucksvolle Beispiele für die abträgliche Wirkung einer gemischten Zusammensetzung, wie J. Chamberlin es an anderer Stelle formuliert (CHAMBERLIN 1993, S. 303).

Die »Irrenoffensive« in Berlin und in anderen Städten Deutschlands entwickelte ihre Selbsthilfestrategien ebenfalls in diesem genannten Grundtenor des Separatismus (siehe dazu STÖCKLE 1983 und diverse Ausgaben der *Irrenoffensive*). Ihr Motto ist: »Wir brauchen keine Psychiatrien.« Es bestehe kein Bedarf an Professionellen, denn die Betroffenen können sich auf der Basis gegenseitiger Hilfe selbst helfen. Die Irrenoffensive befreie den Menschen aus der eigenen Ohnmacht des Ausgeliefertseins und der Bevormundung durch die staatliche Versorgung. Sie will eine Schutzstruktur gegen die psychiatrische Gewalt ermöglichen und die Stigmata der Gesellschaft überwinden. Nach der Irrenoffensive soll jeder Mensch das Recht haben, auf jede von ihm gewünschte Art zu leben, sei es der tollkühnste Wahnsinn, solange er anderen nicht schadet. Die Gruppenstrukturierung soll diese vielfältigen und unterschiedlichen Lebensweisen pflegen.

Die Selbsthilfe soll aber auch Leid mindern und psychosoziale Probleme lösen helfen. Dazu bedarf es der persönlichen Entfaltung und Autonomie sowie der Freisetzung der durch die Professionellen verschütteten Ressourcen. Bei dieser separatistischen Selbsthilfe ist jedoch zu bedenken, dass bedeutende professionelle Kenntnisse ungenutzt bleiben. Es ist zu fragen, ob Professionelle nicht doch ein bestimmtes brauchbares Wissen haben, sei es ein gruppendynamisches Know-how, seien es zwischenmenschliche oder persönlichkeitsspezifische Kenntnisse oder die Fähigkeit, Ressourcen bei Menschen zu erkennen und freizusetzen, also »Veränderungswissen«, wie es die Psychotherapie nennt.

Selbsthilfe mit professionellen Helferrollen

Wie J. Chamberlin und die Irrenoffensive gehen auch andere Selbsthilfekonzepte davon aus, dass die Psychiatrie-Erfahrenen, soll es eine wahre Selbsthilfe der Betroffenen sein, die Gruppe initiieren, aufbauen, kontrollieren und verwalten müssen. Die Bedürfnisse der Menschen mit Psychiatrie-Erfahrung sind die Basis, auf welcher die Zielausrichtungen und die diversen Tätigkeitsfelder Gestalt annehmen. Trifft sich die Selbsthilfegruppe für wenige Stunden in der Woche ein oder zweimal und geht es hauptsächlich um Gespräche oder Diskussionen, so besteht sehr wahrscheinlich keine Notwendigkeit, Professionelle mit in die Selbsthilfegruppe einzubeziehen. Aber wie ist es, wenn nun psychosoziale Krisen über einen längeren Zeitraum täglich oder nächtlich aufgefangen werden sollen? Ist diese Krisenarbeit allein durch Betroffene auf einer freiwilligen Basis zu bewerkstelligen? Kann man erwarten, dass sich so viele unbezahlte Helfer und Betroffene finden lassen, die Tag für Tag, Nacht für Nacht kostenlose Dienste übernehmen? Ist die Motivation der Psychiatrie-Erfahrenen so groß, dass sie sich zu jeder Tages- und Nachtstunde bereit erklären, Psychotikern zur Seite zu stehen, wann immer ein Bedürfnis geäußert wird? Wissen sie, wie man in Krisen mit Menschen umgeht?

Dies waren einige der Fragen, mit denen sich die Nachtschwärmer, eine weiter unten ausführlich beschriebene psychosoziale Selbsthilfegruppe, auseinander zu setzen hatte, als sie sich konstituierte. Wenn Professionelle in der Form einer Helferrolle in die Selbsthilfegruppe einbezogen werden, können sie nicht, ihrem professionellen Selbstbild entsprechend, so handeln, wie sie wollen, sondern müssen sich in deren Strukturen und Konzeptionen einbinden lassen. Der theoretische Rahmen ist durch die Selbsthilfeorganisation vorgegeben und innerhalb dieses Rasters können die Mitarbeiter ihre Gestaltungsmöglichkeiten nutzen. Den nicht psychiatrie-erfahrenen Mitarbeitern wird dabei eine Rolle zugewiesen, ihre Tätigkeiten sind ergänzend. Diese Komplementarität der Aufgabenbereiche verhindert eine Transformation in eine professionell gesteuerte Selbsthilfegruppe. In dieser Form der Helferrolle ist die Gefahr der Machterweiterung und der Wissensdominierung durch die Professionellen begrenzt.

Ohne Professionelle hätten sich die Personen mit Psychiatrie-Erfahrung bei ihrer schwierigen, anstrengenden und aufwändigen Arbeit schon längst verzehrt. Die Professionellen wirken dem kräfte-, vermögens- und leistungsmäßigen Verschleiß der Psychiatrie-Betroffenen entgegen und tragen zur Kontinuität und Stabilisierung der Gruppe bei. Außerdem können Professionelle sehr anregend und stimulierend auf die Selbsthilfegruppe wirken und Innovationen vorantreiben. Eingebundene Professionelle stellen daher nicht unbedingt die von J. Chamberlin und anderen mit aller Vehemenz dargelegte Gefahr der Bevormundung und der Besserwisserei dar, weil die Psychiatrie-Erfahrenen Kontrolle über deren Tätigkeiten ausüben.

Darstellung einiger Selbsthilfeprojekte

Die Kurzbeschreibungen der folgenden Selbsthilfeprojekte sollen einen Einblick in die Vielzahl örtlicher und überörtlicher Initiativen geben. Die Projekte liegen auf ganz unterschiedlichen inhaltlichen und organisatorischen Ebenen, greifen dabei aber unterschiedliche Bedürfnisse auf.

Biotop Mosbach

Lilla Sachse, eine niedergelassene Psychoanalytikerin, schuf 1994 ausgehend von ihrer eigenen Praxistätigkeit mit viel Engagement und Fantasie ein Notfallhaus für Psychiatrie-Erfahrene in der Kleinstadt Mosbach, das sie mit dem ökologischen und viel sagenden Terminus »Biotop« überschrieb. Es soll ein Zufluchtsort für Menschen sein, die sich selbst und andere gefährden (könnten), die aber auch durch äußere Gewalt wie polizeiliche und psychiatrische Maßnahmen bedroht sind. Die Einrichtung Mosbach gewährt ihnen einen gewissen Schutzraum mit Rückzugsmöglichkeiten. Neben dem Raum für Kontakte oder Geselligkeit gibt es ein Behandlungs- und ein Notfallzimmer.

Der traditionelle Krankheitsbegriff wird im Biotop nicht abgelehnt, auch Medikamente werden gegeben. In diesem Sinne ist das Biotop noch stark psychiatrisch ausgerichtet und die psychiatrische Schwerpunktsetzung schlägt in der Weise durch, dass für L. Sachse frühe Störungen, vor allem in der Mutter-Kind-Beziehung, eine enorme Bedeutung bei der Entstehung psychiatrischer Krankheiten haben. Es ist die Qualität der Mütterlichkeit, die es dem Psychiatrie-Erfahrenen in der Selbsthilfegruppe ermöglicht, in der Kindheit nicht verarbeitete, zu seelischen Störungen führende Konflikte aufzuarbeiten. Es ist das Biotop – die bewahrende und entwicklungsfördernde Umwelt für Patienten –, das für Übertragungsphänomene »einen intermediären Raum zur Verfügung stellt« (SACHSE 1998, S. 25). Sachse schreibt, dass das Biotop »eine Art kreatives Spielen, wie es Kindern in einer bewahrenden Umwelt, in Anwesenheit einer guten Mutter möglich wird«, erlaubt (S. 21). In Anlehnung an W. C. Winnicott betrachtet sie die primäre Mütterlichkeit als signifikante Lebensumgebung, die zur bewahrenden Umwelt gehört und die »dem Kind die Möglichkeit gibt, überhaupt zu sein, zu erleben und ein persönliches Ich aufzubauen, Triebe zu beherrschen und den zum Leben gehörenden Schwierigkeiten zu begegnen« (S. 23). Selbsthilfe führt zu einer Stärkung des Ichs und die Gruppe mit ihrer mütterlichen, schützenden und bewahrenden Lebenswelt soll dies bewerkstelligen.

Für die Psychiatrie-Erfahrenen ist das Biotop Mosbach sicherlich eine Alternative zur Klinik. Es ist klein, überschaubar und ein ökologisch ausgerichteter, schützender Raum, im Gegensatz zum hierarchisch strukturierten, unpersönlich wirkenden und nicht selten Entfremdung auslösenden Krankenhaus. Im Biotop können sie innerhalb bestimmter Grenzen sie selbst sein.

Die Brücke

Im Jahr 1981 wurde »Die Brücke« von psychiatriekritischem Personal in Neumünster gegründet. Zunächst wurde ambulante Beratung angeboten und eine Kontaktstelle für Psychiatrie-Erfahrene aufgebaut. Es folgte die Eröffnung von Wohngruppen, einer Teestube und einer Hobbywerkstatt (Vorläufer der therapeutischen Fahrradwerkstatt). Kurz darauf wurde eine Zeitschrift mit dem Namen *Brückenschlag* herausgegeben. Eine therapeutische Tagesstätte, ein Projekt »Arbeit« und die Etablierung des Bereiches Angehörigenarbeit schlossen sich an. 1991 wurden ein Wohnheim und anschließend eine Arbeitstrainingseinrichtung »Druck und Verlag«, woraus der Paranus Verlag hervorging, sowie eine Tischlerei eröffnet. Weitere psychosoziale Dienste, begleitende Hilfen und hauswirtschaftliche Stätten wurden bis zum heutigen Tag gegründet.

Zwar wurde »Die Brücke« von Professionellen gegründet, doch galt von Anfang an, nicht über die Köpfe der Betroffenen hinweg zu entscheiden, sondern in der betreuenden und rehabilitativen Arbeit ständig um ein Gleichgewicht bemüht zu sein und »zwischen Fürsorge, Schutz, Bewahrung zum einen und Selbstbestimmung, Emanzipation, selbstbewusster

Teilhabe zum anderen« (DIEKMANN u.a., 2001, S. 7) eine Gratwanderung zu schaffen. Weiter heißt es: »Mit ›Rehabilitation‹ meinen wir im gängigen Sprachgebrauch ›Wiederherstellung von Gesundheit‹. Wörtlich meint der Begriff ›Wiederherstellung von Ehre‹. Bezogen auf den einzelnen Menschen, aber auch bezogen auf das Gemeinwesen, auf das öffentliche Leben, soll unsere Arbeit helfen, Achtung und Respekt, Verständnis und Würde zu wahren und zu schaffen.« (ebd.) Hier bestimmen zwar immer noch die Professionellen den Werdegang der Selbsthilfeeinrichtung, die Psychiatrie-Erfahrenen werden jedoch in die Arbeit einbezogen, d.h., sie können mitgestalten.

In der Brücke wird der einzelne Psychiatrie-Erfahrene aktiviert, was zu seiner Gesundung beiträgt. Die Würde soll wiederhergestellt werden, im Gegensatz zu dem oben diskutierten psychiatrischen Sozialarbeiter (siehe Kapitel 1), der die Würde seines Klienten ständig verletzte. Das Wirken in der Gruppe ist eher ein entspanntes Schaffen zur Bestärkung der Gruppenmitglieder. Es gibt den Teilnehmern immer wieder stärkende Erfolgserlebnisse, etwa in der Buchproduktion.

Das Atriumhaus

Sofern Psychiatrie-Erfahrene sonst nirgendwo einen Ansprechpartner finden, fängt das Krisenzentrum Atriumhaus Krisen und Notfälle auf. Die Angebote reichen von ambulanten Beratungen über teil- bis hin zu kurzzeitstationären Behandlungen. Dem Atriumhaus sind Langzeit- und Übergangswohngemeinschaften sowie ein mobiler »Ausrückdienst« vor Ort angegliedert. Diese mit dem Haus assoziierten Einrichtungen mit ihren Beratungs- und Behandlungsangeboten tragen zu einer hohen Flexibilität und Bedarfsorientierung in der psychosozialen Versorgung bei. Dies führt zu einer Reduzierung der stationären Behandlungsaufenthalte, was einem Großteil der Psychiatrie-Erfahrenen entgegenzukommen scheint (SCHLEU-NING/WESCHEHOLD 2000).

In der Selbstdarstellung des Atriumhauses klingt das so: »In Doppel- und Einzelzimmern mit insgesamt achtzig Betten in vier Häusern bieten wir unseren Gästen eine Atmosphäre, die zur Ruhe kommen lässt. Unsere Häuser sind mit Liebe zum Detail, professionell und funktionsgerecht ausgestattet.« Die Bezeichnung »Gast« anstelle des »psychisch Kranken« erinnert an die demokratische Psychiatrie Italiens. Der defizitorientierte Blick der psychiatrischen Mitarbeiter und die Beschreibung gewisser Krankheitsverläufe als Chronifizierung scheinen hier mit Hilfe des episodenhaften Begriffes des Gastes überwunden zu werden. Die stark professionelle Ausstattung scheint jedoch den Selbsthilfegedanken zu unterlaufen.

Das Selbsthilfezentrum

1985 entstand in München das Selbsthilfezentrum aus einem selbst organisierten Zusammenschluss Professioneller aus dem psychosozialen Bereich, die mit den vorherrschenden psychiatrischen Versorgungsstrukturen
unzufrieden waren. Jede Person, die sich für Selbsthilfe interessiert, kann
sich an dieses Selbsthilfezentrum wenden. Es gibt eine Kontakt- und Infor-
mationsstelle, die die Interessierten vor Ort oder am Telefon berät. Diese
werden entweder an bereits bestehende Gruppen vermittelt oder es wird
die Gründung von neuen Gruppen unterstützt, wobei Gruppenleiter ihre
sozialen Kompetenzen bei der Konstituierung einbringen. Neben der professionellen Expertenschaft wird aber auch den Psychiatrie-Erfahrenen ein
Sprachrohr zur Verfügung gestellt, denn »die Expertenschaft in eigener
Sache« (GEISLINGER 1998, S. 35) soll in den Mittelpunkt gestellt werden.

Der Arbeitsansatz lässt sich unter dem Stichwort »nutzerorientierte So-
zial- und Gesundheitspolitik« (ebd.) zusammenfassen. Nutzerorientierung
ist bei weitem umfassender als die gegenwärtig in der psychosozialen Praxis gängige Nutzerkontrolle, denn der letztere Begriff beinhaltet lediglich
mögliche Kontrollformen über bereits praktizierte bzw. durchgeführte
Behandlungsformen, während der erstere auch Einwirkungsmöglichkeiten
auf das Angebot der Behandlung zulässt. Das Selbsthilfezentrum spricht
von dem neuen Ansatz der »Qualitätssicherung durch die NutzerInnen«
(S. 39). Dazu muss auch das Selbstbewusstsein der Psychiatrie-Erfahrenen erweitert werden, d.h., sie sollen mehr und mehr ihre Gestaltungs-
und Einflussmöglichkeiten erkennen und sich einmischen.

Im Selbsthilfezentrum wird der Psychiatrie-Erfahrene mit seinen wert-
vollen Ressourcen im Hilfeprozess wahrgenommen, dessen Vermögen nicht
länger ungenutzt bleiben sollte. Die Grundlage der Arbeit dort ist der
Empowerment-Ansatz, d.h. die Mobilisierung der jeweiligen Stärken der
Psychiatrie-Erfahrenen.

Bundesverband Psychiatrie-Erfahrener

Der von Psychiatrie-Erfahrenen gegründete bundesweite Verband ist eine
gemeinnützige Selbsthilfeorganisation, die sich zum Ziel gesetzt hat, Betroffene in jeder Weise, ob in Institutionen oder in außerinstitutionellen
Situationen, zu unterstützen und für sie Lobbyarbeit zu betreiben. »Gerade wir – und nur wir mit unseren Erfahrungen! – können unsere Bedürfnisse und Interessen artikulieren«, heißt es in der Selbstdarstellung des
Verbandes. Ihr Motto entspricht dem chinesischen Sprichwort:»Willst du
etwas wissen, so frage einen Erfahrenen und keinen Gelehrten.« Eine Vielfalt von Perspektiven durchdringt den Verband – von sozial- bis hin zu anti-

und nichtpsychiatrischen Denkformen. Der Verband will Alternativen zur vorherrschenden Psychiatrie entwickeln, seien es Unterstützungen für Selbsthilfe oder eine subjektorientierte stationäre und komplementäre Psychiatrie.

Obwohl keine einheitliche Linie im Bundesverband und den jeweiligen Landesverbänden festzustellen ist, formuliert der Verband immer wieder gemeinsame Standpunkte zu psychiatrischen Fragen und kommentiert die Psychiatriepolitik kritisch. Durchgängig signifikant ist dabei die Aktivierung des Selbsthilfepotenzials von Betroffenen.

Das Weglaufhaus

Das Weglaufhaus in Berlin wurde 1996 eröffnet. Es war das erste anti-psychiatrische Wohnprojekt für Psychiatrie-Erfahrene in Deutschland (KEMPKER 1998). Von einem begüterten Berliner wurde dem »Verein zum Schutz vor psychiatrischer Gewalt e.V.« eine großzügige Villa zur Verfügung gestellt. Von den Sozialämtern erhält das Weglaufhaus einen Tagessatz, der jedem einzelnen Psychiatrie-Erfahrenen auf Grund seiner Schwierigkeiten in besonderen sozialen Lebenslagen rechtlich zusteht. Viele der dort Wohnenden sind aus psychiatrischen Einrichtungen geflohen und entweder obdachlos oder von der Obdachlosigkeit bedroht.

Der Lebensalltag im Weglaufhaus wird so wenig wie möglich von Professionellen organisiert. Die Psychiatrie-Erfahrenen, die im Gegensatz zur bisherigen Praxis in der Klinik nicht als Kranke, sondern schlicht als Bewohnerinnen und Bewohner bezeichnet werden, sollen ihre Selbstständigkeit zurückgewinnen und ihre Selbstbefähigung soll gefördert werden. Da die Verantwortlichen dem Krankheitsbegriff skeptisch gegenüberstehen, werden Therapieangebote innerhalb des Hauses abgelehnt. »Die Tatsache, dass jemand sich verrückt verhält und seine/ihre innersten Bedürfnisse vorübergehend durcheinander geraten (oder sich Bahn brechen), halten wir nicht für einen Ausdruck von Therapiebedürftigkeit. Deswegen wäre ein geplantes Therapieangebot in diesem Haus grundsätzlich fehl am Platze.« (BRÄUNLING u.a. 2001, S. 247)

Auch das Verhältnis zwischen den Experten und den Betroffenen wird hinterfragt, ebenso die Interventionstechnologien der Pharmakologie; eine Problematik, der sich einige Autoren des Antipsychiatrieverlags ausführlich unter der Thematik des Absetzens von Psychopharmaka widmeten (LEHMANN 2001).

Die Träger und Unterstützer des Weglaufhauses legen Wert darauf, dass die Psychiatrie-Erfahrenen ihre Verrücktheit ausleben dürfen und die Mitarbeiter hohe Akzeptanz und Toleranz den Betroffenen gegenüber zeigen.

Das Weglaufhaus soll ein Modell der, von den Initiatoren und Unterstützenden entwickelten, neuen Antipsychiatrie sein (LEHMANN 2001, S. 264 f.; VON TROTHA 2001, S. 201 f.).

Hin zur nichtpsychiatrischen Selbsthilfe

Alle dargestellten Projekte sind aus der Unzufriedenheit mit der etablierten und dominierenden Psychiatrie heraus entstanden. Insbesondere die Klinik ist ein ständiger Kritikpunkt, weil sie oft nicht gemeindenah ist, als zu anonym erfahren wird und zu wenig auf die subjektiven Bedürfnisse der Patientinnen und Patienten eingeht. Die in ein Allgemeinkrankenhaus transformierte frühere Anstalt wirkt auf den Einzelnen immer noch sehr fremd und unangenehm. Die Umgebung regt zu keinerlei Aktivitäten an, geschweige denn zur Entfaltung von Selbsthilfepotenzialen. Diese werden den meisten Patienten eher abgesprochen. Das »Biotop Mosbach«, das »Atriumhaus« und »Die Brücke« sind sozialpsychiatrische Alternative, die darauf ausgerichtet sind, den Menschen mit Psychiatrie-Erfahrung bessere Lebens-, Arbeits- und Wohnbedingungen zu schaffen. Die von den Betroffenen gemachten Erfahrungen sind zumeist positiv. Sie erleben eine andere Art der Beratung, Behandlung und Betreuung als in der Klinik. Begrüßenswert ist die Förderung der Selbsthilfepotenziale. Die Menschen mit Psychiatrie-Erfahrung lernen, ihren Lebensalltag zunehmend eigenständig zu gestalten.

Doch die sozialpsychiatrisch ausgerichteten Selbsthilfeprojekte sind immer noch im theoretischen Code der Psychiatrie verwurzelt, was sich sowohl an dem nicht hinterfragten Krankheitsbegriff als auch an den darauf aufbauenden therapeutischen Interventionstechnologien zeigt. Der Krankheitsbegriff mit seinem Defizitblick ist heute noch ebenso einengend wie vor hundert Jahren. In den sozialpsychiatrischen Alternativen wird nichtsdestotrotz das Selbsthilfevermögen stark ausgebaut, aber es entfaltet sich in dem von den Professionellen vorgegebenen Rahmen. Sie sind es auch, die die Innovationen in die Wege leiten, gleichwohl werden die Betroffenen, wann immer möglich, mit einbezogen. Ihre Vorstellungen, ihre Fähigkeiten, ihre Potenziale und Kritikpunkte werden als signifikant für die weitere Entwicklung der Selbsthilfegruppe betrachtet und funktionalisiert. Bei dem Selbsthilfezentrum werden die Betroffenen in bereits existierende Selbsthilfegruppen eingebunden, doch auch hier können die Selbsthilfeteilnehmer ihre Ressourcen einbringen und die Gruppen ihren spezifischen Bedürfnissen entsprechend gestalten. Bei der Entwicklung neuer Gruppen sind Fachleute für Gruppendynamik zu Beginn unentbehrlich.

Das Weglaufhaus ist zwar auch professionell initiiert und entwickelt worden, doch sind zum einen unter den Fachkräften Psychiatrie-Erfahrene und zum anderen versuchen sie die von den Betroffenen gemachten Negativerfahrungen in der Psychiatrie kritisch aufzuarbeiten. Dabei werden der psychiatrische Krankheitsbegriff ebenso hinterfragt wie die diversen Therapiekonzepte. Die sich durch die Psychiatrie als »psychisch krank« verstehenden Menschen lernen allmählich, sich nicht länger so (negativ) zu begreifen. Der Aufenthalt im Weglaufhaus ist daher von vornherein eine ständige Auseinandersetzung mit der gegenwärtigen Psychiatrie. Die Praxis wird durch das bestimmt, wovon man sich unterscheidet und was bekämpft wird – die klinische Psychiatrie. Da »psychische Krankheit« abgelehnt wird, richtet sich der Blick auf die gesunden Teile der Psychiatrie-Erfahrenen, die dort, wo immer möglich, zur Wahrung der selbstorganisierten Struktur, gefördert werden sollen. Es ist eine dialektische Abarbeitung an der Psychiatrie, um auf etwas anderes hinzuarbeiten. Dafür muss sehr viel Zeit, Energie und kognitive Fähigkeit investiert werden.

Das weiter unten beschriebene Projekt »Nachtschwärmer« ist von der antithetischen Haltung abgerückt und hat sich für eine nichtpsychiatrische Selbsthilfeentwicklung entschieden. Dabei werden die Begriffe »Krankheit« und »Therapie« in Anführungszeichen gedacht, was eine Art phänomenologischer Vorgehensweise der Einklammerung der professionellen Denkmuster beinhaltet; sie werden als Vor-Urteile bewertet. Dadurch verlieren diese Begriffe ihre negativen Wirkungen auf die Personen mit Psychiatrie-Erfahrung. Stattdessen rücken ihre Potenziale in den Vordergrund. Was können die Psychiatrie-Erfahrenen tun? Wie können sie sich einbringen? Welche Potenziale haben sie? Das Motto der nichtpsychiatrischen Selbsthilfe ist, dass sich die Betroffenen, wenn sie ihre eigenen Möglichkeiten und ihren einzigartigen Weg finden wollen, vom Krankheitsmodell lossagen müssen, denn es scheint doch die eigenen Selbsthilfevorstellungen einzuengen, statt sie zu expandieren. Professionelle Helfer können, wenn gewünscht, bei der Exploration von individuellen Potenzialen dem Einzelnen unterstützend zur Seite stehen.

Selbsthilfe am Beispiel der »Nachtschwärmer«

Im Gegensatz zu den professionell gesteuerten Selbsthilfegruppen, wie oben dargestellt, ist die Bremer Selbsthilfegruppe »Nachtschwärmer«, eine von Psychiatrie-Erfahrenen selbst initiierte und selbst verwaltete Selbsthilfegruppe mit professionellen Helferrollen.

Nachts in Krisen und allein

Im Dezember 1997 haben sich die Nachtschwärmer konstituiert. Sie sind eine von Psychiatrie-Erfahrenen initiierte und organisierte Selbsthilfegruppe, die aus der Unzufriedenheit mit der vorhandenen psychosozialen Versorgung entstanden ist. Defizite in den Versorgungsstrukturen waren längst offensichtlich geworden, nämlich vor allem dass es, im Gegensatz zu den differenzierten Hilfeangeboten tagsüber (inklusive der Tagesstätten), nachts außer dem Krisenzentrum und der Klinik keine Nachtstätten gab. Gerade nachts aber treten viele psychosoziale Krisen auf, wenn der Mensch auf sich allein gestellt und auf sich zurückgeworfen ist, zumal Freunde, Verwandte und Nachbarn in den Nachtstunden nicht gestört werden wollen. Nachts geöffnete Kneipen sind außerdem zumeist zu teuer für Psychiatrie-Erfahrene und die sich dort vergnügenden Menschen sind zumindest in dieser Situation kaum offen für diesen Personenkreis.

Die Selbsthilfegruppe wollte diese Leerstelle ausfüllen und Menschen in psychosozialen Krisen eine Anlaufstelle bieten. Betroffene wollen sich, das eigene Erfahrungswissen zu Grunde legend, gegenseitig helfen, um auf diese Art und Weise Klinikeinweisungen zu verhindern. Neben dieser primären Zielsetzung war und ist es Sinn und Zweck der Nachtschwärmer, den Psychiatrie-Erfahrenen die Möglichkeit einzuräumen, ihren Wahn, ihre Verrücktheit, ihr Anders-Sein innerhalb einer bestimmten Grenze, der Gewaltlosigkeit nämlich, auszuleben. Der von den Nachtschwärmern aufgebaute Ort soll es den Menschen mit Psychiatrie-Erfahrung ermöglichen, so zu sein, wie sie im Moment sind, ohne dass abweichende Verhaltensweisen ständig sanktioniert werden. Außerdem soll der Ort auch eine Begegnungsstätte zwischen »Normalen« und »Verrückten«, zwischen »Kranken« und »Gesunden«, zwischen Menschen mit Psychiatrie-Erfahrung und denjenigen ohne sein.

Ablauf der Nächte

Die Selbsthilfegruppe wurde in ihren bisherigen Tätigkeiten bereits mehrfach mit ABM-Stellen (zumeist diplomierte Psychologen und Sozialpädagogen) und BSHG-19-Stellen unterstützt. Mit Hilfe der Mitarbeiterinnen und Mitarbeiter konnten die angemieteten Räumlichkeiten (in einer Tagesstätte für Psychiatrie-Erfahrene), die zunächst nur samstags und sonntags von 20 Uhr bis 2 Uhr geöffnet waren, nunmehr auch donnerstags und freitags geöffnet werden. Öffnungszeiten zu jeder Tag- und Nachtzeit sind für die Zukunft vorgesehen.

Die Mehrheit der Teilnehmer verlässt gegen Mitternacht oder eben spätestens gegen 2 Uhr morgens die Räume und kehrt in ihre Wohnungen zurück. Oft »nächtigt« die Gruppe aber auch weit über 2 Uhr hinaus, insbesondere dann, wenn sich jemand in einer Krise befindet und nicht einfach wieder in seine Wohnung zurückgeschickt werden kann. Für viele ist es angenehm und entlastend, einen Großteil der schwierigen Nachtstunden im Kreise Gleichgesinnter zu verbringen.

Im Gegensatz zur Tagesstätte, wo ausschließlich Menschen mit Psychiatrie-Erfahrung verkehren, ziehen die Nachtschwärmer neben der Mehrheit Psychiatrie-Erfahrener auch Obdachlose, Drogenkonsumenten, Alkoholiker, Angehörige, aber auch »normale« Menschen aus der Umgebung oder sonstige Interessierte an. Unterstützt wird die Selbsthilfegruppe von Studentinnen und Studenten (manche mit eigener Erfahrung psychiatrischer Krisen) des Fachbereiches Sozialwesen der Hochschule Bremen und einem Hochschullehrer. Einige Studierende machen ihr achtwöchiges Erfahrungspraktikum bei den Nachtschwärmern, sodass ein enger Kontakt zwischen Hochschule und der Selbsthilfegruppe besteht. Dieser wird noch dadurch gefestigt, dass hin und wieder eine Lehrveranstaltung angeboten wird, die sich mit den Nachtschwärmern beschäftigt und die sowohl von Studierenden als auch von nichtstudentischen Psychiatrie-Erfahrenen besucht wird – ein sehr produktiver Theorie-Praxis-Verbund.

Der Satzung entsprechend verfügt mindestens die Hälfte der (professionellen) Mitarbeiter über Psychiatrie-Erfahrung. Die eigenen erlittenen Erfahrungen plus das zusätzliche Studium (Fachwissen) ermöglichen es ihnen, Menschen mit Psychiatrie-Erfahrung besser verstehen und auf sie eingehen zu können, als Professionelle ohne diese Erfahrungen dies könnten. Einer der Mitarbeiter hatte am Aufbauversuch der Soteria in Bremen mitgewirkt. Er setzte sich nach dessen Scheitern für andere alternative psychosoziale Möglichkeiten für Psychiatrie-Erfahrene ein. Während in den Anfangsmonaten ungefähr zehn Personen die Nachtschwärmer aufsuchten, sind es in der Zwischenzeit um die vierzig, die oft schon vor 20 Uhr abends erscheinen, weil sie so früh wie möglich aus ihrer Einsamkeit heraus- und Kontakt mit anderen haben wollen. Keiner hätte wohl zu Zeiten der Konstituierung der Selbsthilfegruppe solch einen Andrang erwartet, selbst die optimistischsten Vorstellungen wurden übertroffen, was rückwirkend das Konzept bestätigt.

Die Abende und Nächte laufen meistens relativ unspektakulär ab. Manche Besucher stehen schon vor 20 Uhr vor der Tür und warten auf die Öffnung, andere kommen sogar erst um Mitternacht. Einige sprechen sehr viel, andere äußern kein einziges Wort, trinken ihren Kaffee, rauchen ihre Zigaretten und scheinen mit sich selbst beschäftigt zu sein. Für Letztere scheint die Innenschau inmitten anderer Personen leichter möglich als isoliert zu Hause. Auch diese Personen bleiben allerdings meist nicht lange allein am Tisch, schon bald gesellen sich andere zu ihnen.

Gegen 21 Uhr werden die Besucher gefragt, ob sie ein Abendessen möchten, welches mit einer Selbstkostenbeteiligung von 1,80 Euro erschwinglich ist. Die meisten nehmen die Gelegenheit gerne wahr. Zuweilen entfachen sich rege Diskussionen über alltägliche Ereignisse, über Themen der großen Politik oder über Bereiche, von denen sie selbst betroffen sind. In der kurzen Geschichte der Nachtschwärmer haben sich zwischenzeitlich mehrere Kleingruppen gebildet, denen besondere Interessen von Teilnehmenden zu Grunde lagen, die bereit waren die notwendigen Energien zu investieren, um die entsprechende Gruppe zu etablieren: eine Literaturgruppe, eine Zeitungsgruppe, eine Mal- und Skulpturgruppe, ein Philosophiekreis, eine Frauen- sowie eine Männergruppe. In einer weiteren Gesprächsgruppe wird die psychosoziale Lebensproblematik der Betroffenen aufgearbeitet. Erwünschte Beratungen werden in einem Nebenraum durchgeführt. Einige wollen weder lesen noch malen noch Gespräche führen, sondern einfach nur Gesellschaftsspiele spielen.

Das soziopsychobiologische Denkmodell
Dem Denken und Tun der Nachtschwärmer liegt ein soziopsychobiologisches Denkmuster zu Grunde, das sich schwerpunktmäßig von dem reformpsychiatrischen, biopsychosozial ausgerichteten Denkmodell dadurch unterscheidet, dass das soziale Element sowohl bei der Erklärung von Krisen als auch bei den Rehabilitationsversuchen in den Vordergrund gerückt wird. Das psychiatrische Reformmodell war ursprünglich eine erweiterte medizinische Denkstruktur, in der das Biologische bzw. Organische das Bestimmende »psychischer Krankheiten« war, während die anderen Dimensionen – das Psychische und Soziale – nur ergänzenden Charakter hatten. Heute hat sich das Konzept zwar weiterentwickelt, behält aber sehr oft eine biologistische Dominanz, bei der das Psychische und Soziale eher Beiwerk darstellen.

Im Gegensatz zur traditionellen Psychiatrie geht das Nachtschwärmer-Konzept von der systemtheoretischen Prämisse aus, dass der Mensch »Symptomträger« seines sozialen Kontextes ist und Krisen, in die er hineingerät, keine Krankheiten darstellen, sondern eher Lebensbrüche sind, die für ihn zwar eine Gefahr, aber auch eine Chance bedeuten. Die Krise kann zum Umbruch führen, also salutogenetische (gesund machende) Wirkungen haben, oder zum Zusammenbruch, also pathogenetische (krank machende) Wirkungen entfalten. Die Nachtschwärmer hoffen mit Hilfe ihrer neuen sozialen Strukturen zur Gesundung der krisengeschüttelten

Menschen beizutragen, indem diese ihre Ressourcen auszubauen versuchen und stabile Persönlichkeiten entwickeln.

Die Mehrheit der sich bei den Nachtschwärmern findenden Psychiatrie-Erfahrenen haben die psychosozialen Krisen in ihrem Leben lediglich als negativ erlebt und aus ihrer Krisengeschichte hat sich durch psychiatrische Interventionen eine Krankheitsgeschichte gebildet. Zumeist fehlten den Betreffenden psychische Widerstandskräfte bzw. personale und soziale Ressourcen, die zu einem produktiven Umgang mit Krisen hätten beitragen können. Nicht auszuschließen sind dabei vererbungsbedingte oder organische Faktoren, aber sie sind, dem soziopsychobiologischen Modell entsprechend, nicht primär. Im Vordergrund stehen bei all den Prozessen, in denen aus Krisen Krankheitsgeschichten wurden, der soziale Kontext mit den vielseitig verwobenen Problem- und Konfliktfeldern sowie der Mangel an Ressourcen, auf die die Menschen hätten zurückgreifen können, um die kritischen Lebensereignisse ohne Klinikeinweisung zu überstehen. Das Entscheidende für die Nachtschwärmer ist jedoch nicht so sehr der Blick in die Vergangenheit, d.h. auf die aus psychosozialen Krisen sich ergebenden individuellen Beschädigungen, auch wenn das wichtig sein mag, um die betreffende Person verstehen und auf sie eingehen zu können, sondern der Blick auf die Zukunft, in der es darum geht, Ressourcen fördernde soziale Kontexte zu schaffen, um persönliche Veränderungen und Gesundung zu ermöglichen. Der Ort der Nachtschwärmer soll eine persönlichkeitsfördernde Lebenswelt sein. Hier sollen Ressourcen der Betroffenen mobilisiert werden. Der in der Klinik als krank abgestempelte Mensch soll wieder an seine Fähigkeiten und damit auch an sich glauben lernen.

Präventive und selbstrehabilitative Effekte
In der psychiatrischen Arbeit wird häufig zwischen Primär-, Sekundär- und Tertiärprävention unterschieden. Die Primärprävention wird als Prävention vor Auftreten der Krise konzipiert, d.h., es geht darum, auf die Risikostrukturen bzw. Risikoverhaltensweisen einzuwirken, bevor sie als Krise in Erscheinung treten. Sekundärprävention ist eine Form der Prävention, die auf die bereits ersichtliche Krise eingeht und zu vermeiden versucht, dass sie zur psychischen Krankheit wird. Bei der Tertiärprävention schließlich wird die Krise bereits medizinisch/psychiatrisch als Krankheit diagnostiziert. Es geht dann präventionslogisch nur noch darum, Schlimmeres (etwa eine Chronifizierung) zu verhindern.

Bei den Nachtschwärmern geht es zumeist um tertiäre Prävention, denn die meisten Psychiatrie-Erfahrenen haben bereits eine lange Krankheitsgeschichte hinter sich. Deshalb kann es nicht mehr darum gehen, psychischen Krankheiten zuvorzukommen. Eher erbringen die »Nachtschwärmer« Unterstützungsleistungen, die Widerstandskräfte stärken und Identitätsbildungen fördern. Sie aktivieren und dynamisieren den nicht selten lethargischen und depressiven Psychiatrie-Erfahrenen und erwecken seine Gesundheitsressourcen. Darüber hinaus erzeugen sie in ihm eine neue, durch die Krankheitsgeschichte verloren gegangene Sinnhaftigkeit, was der Chronifizierung der von Psychiatern diagnostizierten Krankheit entgegenwirkt und die Hoffnung weckt, dass die neu erfahrenen Potenziale dem Menschen eine Zukunft eröffnen, die zur allmählichen Überwindung der Notwendigkeit von Klinikeinweisungen führen kann.

Wichtig wäre es natürlich für die Nachtschwärmer, sekundärpräventiv tätig sein zu können, also Krisen vor der Krankheitsgeschichte aufzufangen. Dieser Bereich ist bislang noch stark unterrepräsentiert, was mit dem geringen Bekanntheitsgrad im außerpsychiatrischen Bereich zu tun hat. Aber es stellt sich die Frage, ob noch mehr Öffentlichkeitsarbeit, die zur Steigerung des Bekanntheitsgrades führen könnte, nicht zu einer von der Selbsthilfegruppe kaum mehr zu bewältigenden Erweiterung und Überforderung beitragen würde.

Soziale Anerkennung der Nachtschwärmer

Die Nachtschwärmer haben seit ihrer Konstituierung viel Anerkennung und Würdigung von außen erhalten. Lokale, aber auch überregionale Medien (Zeitungen, Hörfunk, Fernsehen) berichteten positiv über die Selbsthilfegruppe. Nicht selten war zu hören und zu lesen, dass Journalisten und Reporter es kaum für möglich gehalten hätten, Psychiatrie-Erfahrene als Macher einer selbstrehabilitativen Struktur kennen zu lernen.

Skepsis herrschte anfangs unter dem psychiatrischen Personal, das die Meinung vertrat, ohne professionelle Initiierung und Modernisierung könne so ein Projekt nicht gelingen. Ähnliche Erfahrungen machte auch Wörishofer in München (WÖRISHOFER 1998, S. 193); auch dort wurde von professioneller Seite behauptet, dass Psychiatrie-Erfahrene nicht fähig seien, sich zu organisieren. Schon nach einigen Monaten erfolgreicher Arbeit bei den Nachtschwärmern waren aber erste Zeichen der Anerkennung festzustellen. Professionelle des Sozialpsychiatrischen Dienstes empfahlen Menschen mit Psychiatrie-Erfahrung bei nächtlichen Krisen, die vom Personal als leicht eingestuft wurden, die Nachtschwärmer als »krisenauffangende« Selbsthilfegruppe. Die Klinik Bremen-Ost schlug den dort Entlassenen die Nachtstätte als Stabilisierungshilfe vor. Behörden (Gesundheit, Soziales und Arbeit) sind von den Nachtschwärmern angetan. Und die Krankenkassen würdigen die finanziellen Einsparungen durch die Nachtschwärmer.

Sozialarbeiter, Sozialwissenschaftler, Erzieher, Gesundheitswissenschaftler, Psychologen und andere reizt an der Idee der Nachtschwärmer, dass Verrücktheit innerhalb von Grenzen (Gewalt) ausgelebt werden kann und nicht auf Grund bestimmter vorgegebener Organisationsrationalität und Gesetzmäßigkeiten unterdrückt werden muss. Sie begrüßen auch die Idee der Kooperation von Psychiatrie-Erfahrenen und Nicht-Erfahrenen als vorbildlich.

Die Nachtschwärmer stört nach wie vor, dass sie mit ihren Funktionen trotz Anerkennung und Würdigung innerhalb der gegenwärtigen psychosozialen Versorgung nur als *ergänzend* betrachtet werden, nicht als Teil der Basisversorgung. denn »ergänzend« ist nun mal eine Bezeichnung für etwas, das zwar sein kann, aber nicht sein muss. Die Nachtschwärmer wünschen sich, dass ihre selbstrehabilitativen Dienste als gleichwertig mit den sonstigen ambulanten psychosozialen Angeboten beurteilt werden, weil sie im Interesse der Betroffenen sind und nicht selten effektiver arbeiten als etablierte ambulante Dienste.

Bei aller Begeisterung für die Nachtschwärmer darf jedoch nicht übersehen werden, dass es in jeder dynamischen Gruppe auch Kritik und Konflikte gibt, die angegangen und bewältigt werden müssen, soll die Selbsthilfe lebensfähig sein. Viel Energie muss darin investiert werden und es wäre eine Selbsttäuschung, von einer »heilen« Selbsthilfekultur zu sprechen. Aber solange die Selbsthilfegruppe kritikfähig bleibt, können interne Probleme gelöst und die selbstrehabilitativen Zielsetzungen (von der Salutogenese über das Empowerment bis hin zu einer neuen Lebensqualität) verwirklicht werden. Auch Gruppenkonflikte anzugehen und sie zu bewältigen bedarf gewisser Gesundheitsressourcen und es zeichnet das Potenzial der Selbsthilfe aus, sie im Interesse aller Beteiligten angemessen zu lösen und auf diese Weise zum Zusammenhalt der Gruppe beizutragen.

Ergebnisse einer Befragung

Zu Beginn des neuen Jahrhunderts scheint es immer unbestrittener, dass Selbsthilfe ein vitaler Bestandteil der Gesundheitsversorgung ist. Auch innerhalb der psychosozialen Versorgung weitet sich ihr Anteil aus, denn sie übernimmt Funktionen, die andernorts fehlen oder die sich durch Betroffenenorientierung und -mitgestaltung von professionellen Angeboten unterscheiden. Mit der Zunahme der Selbsthilfedienste und der oft damit vorhandenen Sponsorentätigkeiten, der Bereitstellung von ABM-

oder BSHG-19-Stellen sowie der finanziellen Unterstützung durch private Spenden, durch lokale, kommunale Träger wächst aber auch der Legitimationsdruck der Selbsthilfegruppen. Fragen werden gestellt wie: Bieten die Selbsthilfegruppen wirksame Dienste an? Wer nimmt diese Angebote wahr und warum? Gehen diese Selbsthilfeprogramme auf die Probleme und alltagsweltlichen Bedürfnisse der Betreffenden ein und bewerten diese die dort angebotenen Dienste als Hilfe?

Wo Qualitätsnachweise erwartet werden, sind zunächst Dokumentationssysteme erforderlich. Dokumentationen, die über den Sinn der Selbsthilfe im psychosozialen Bereich Informationen geben könnten, sind im deutschsprachigen Raum spärlich. Das ist etwa in den USA nicht anders, aber dort haben einige wenige Untersuchungen die Bedeutung psychosozialer Selbsthilfegruppen bereits recherchiert (etwa CHAMBERLIN u.a. 1996). In Deutschland gibt es zwar eine Fülle von kleineren Einzelveröffentlichungen, auch in Zeitschriften, aber keine systematischen Untersuchungen und Analysen. Ein sich immer wieder manifestierendes Problem bei Selbsthilfegruppen ist deren Mangel an bürokratischer Berichterstattung (BOND/DE GRAAF-KASER 1990; LUKE u.a. 1993).

Ausgehend von der Arbeit der Nachtschwärmer soll hier die empirische Auswertung einer Befragung vorgestellt werden. Die Untersuchung war Teil eines vom Wissenschaftssenator Bremens geförderten Forschungsvorhabens über psychosoziale Selbsthilfe. Zwei Studierende waren regelmäßige Teilnehmer bei der psychosozialen Selbsthilfegruppe und sie lernten auf diese Weise die Psychiatrie-Erfahrenen dort kennen. In der ersten Phase ging es darum, Vertrauen aufzubauen. Dieses Kennenlernen und das Vertrautsein miteinander waren die Basis für die Durchführung der Interviews. Zwanzig damals regelmäßig erscheinende Besucher nahmen an der Befragung teil.

Die Befragung erfolgte mittels umfangreicher Fragebögen, der gemeinsam mit den beiden Studierenden ausgefüllt wurden, wobei Fragen, die unklar waren, besprochen wurden. Die Dauer eines jeden Gesprächs betrug rund zwei Stunden.

Die Auswahl der Befragten erfolgte nach dem Zufallsprinzip. Es wurde derjenige oder diejenige befragt, der oder die zufälligerweise bei den Nachtschwärmern war und sich nicht gerade zu der Zeit der Befragung in einer der Gruppen (z.B. Literaturgruppe, Kunstgruppe, Gesprächsgruppe) aufhielt. Die Untersuchung erstreckte sich über mehrere Wochen, da an jedem Abend jeweils nur ein Teilnehmer befragt wurde.

Die Methodik der Befragung bestand in halb strukturierten Interviews. Zunächst wurden rein quantitative Informationen über die Befragten ein-

geholt wie Alter, Geschlecht, Familienstand, Klinikaufenthalte, medizinische Diagnosen, Medikamenteneinnahme. Doch darüber hinaus gab es
gegen Ende der Dokumentation auch qualitativ ausgerichtete Fragen über
Erfahrungen, die die Betroffenen bei den Nachtschwärmern machten und
die sie bewerten sollten, etwa wie die Nachtschwärmer auf ihre psychosozialen Probleme eingegangen seien, wie die ABM- bzw. BSHG-19-Mitar-
beiter mit ihnen umgegangen seien, wie erfolgreich ihre Gespräche verlie-
fen. Eine auch mehr qualitativ zu bewertende Frage war die nach dem
Gefühlszustand oder Wohlbefinden. Während es bei den rein quantitativen Fragen einfach war, das entsprechende Feld anzukreuzen, gab es bei
den eher qualitativen Fragen mehrere Optionen. Der letzte Teil des Fra-
gebogens blieb völlig offen und die Befragten sollten ohne jegliche Vorga-
be Kritik und Verbesserungsvorschläge einbringen.

Demographie der Teilnehmenden
Von den zwanzig Befragten waren fünf Personen zwischen 25 und 35 Jahre, sieben zwischen 35 und 45 und acht zwischen 45 und 55 Jahre alt. Es
gab unter den Befragten also weder (regelmäßig erscheinende) alte Menschen noch Jugendliche. Die meisten kamen aus Bremen oder Umgebung
und waren auch dort geboren, also nicht etwa »auf Trebe«. Die Befragten
waren ausschließlich Deutsche, obwohl sporadisch Personen ausländischer
Herkunft in Projekt auftauchen. Die Mehrheit der Teilnehmer war ledig
(14 Personen), fünf waren geschieden und eine Person verwitwet. Keine
einzige Person lebte in einer Familie, ebenso fehlten bei allen feste Part-
nerschaften, sodass es gut sein kann, dass viele dieser Personen auf sich
zurückgeworfen und isoliert waren. Die Nachtschwärmer nehmen von
diesem sozialen Gesichtspunkt aus also eine einzigartige Rolle der Kon-
takt- und Beziehungsförderung ein.

Einige Befragte (4) hatten Kinder, die mit einer Ausnahme nicht bei den
betreffenden Personen wohnten, sondern bei Pflegeeltern (1), bei Verwandten (1) oder beim geschiedenen Ehegatten (1).

Von den Befragten waren fünf Frauen und fünfzehn Männer, allerdings
verschiebt sich das Geschlechterverhältnis der Nachtschwärmer in letzter
Zeit leicht zugunsten der Frauen. Wir stellten uns die Frage, warum diese
Nachtstätte mehr von Männern als von Frauen frequentiert wird. Da die
Mitarbeitenden der Tagesstätte ein ausgewogenes Männer-Frauen-Verhält-
nis aufweisen, liegt es sehr wahrscheinlich an den für Frauen unüblichen
Abend- und Nachtstunden und den damit verbundenen Ängsten und
Unsicherheiten, die bei Psychiatrie-Erfahrenen vielleicht noch größer sind
als bei anderen Frauen.

Was den Bildungsstand der Betroffenen anbetrifft, so ist festzustellen, dass alle zwanzig Befragten einen Schulabschluss hatten: neun Hauptschule, sieben Realschule, vier Abitur (darunter zwei Fachabiturienten). Über die Hälfte der Teilnehmenden (12) hatte einen Berufsabschluss mit Gesellenbrief, zwei hatten einen Fachschul- bzw. Fachhochschulabschluss, lediglich drei hatten keine Ausbildung und drei hatten ihre Berufsausbildung abgebrochen.

Insgesamt bewegen sich der Bildungsstand und die Berufsabschlüsse im durchschnittlichen Rahmen, was sich jedoch nicht in der derzeitigen Beschäftigung widerspiegelt, denn die Mehrheit der Befragten war ohne Arbeit, nämlich zwölf – davon sechs langzeitarbeitslos. Von den acht übrigen waren zwei teilbeschäftigt, einer steckte in einer AB-Maßnahme und fünf waren ehrenamtlich tätig bzw. bekamen eine Mehraufwandsentschädigung. Hinsichtlich des Beschäftigungsniveaus sind doch wesentliche Unterschiede zur Durchschnittsbevölkerung festzustellen, vermutlich auf Grund der krisenbedingten Brüche nach der Ausbildung.

Das negativ indizierte Beschäftigungsverhältnis wirkt sich auf die Einkommens- und Wohnverhältnisse der Betroffenen aus, die sich als weniger gut darstellen als die der sonstigen Bevölkerung: Sieben beziehen Sozialhilfe, fünf Arbeitslosenhilfe, zwei Arbeitslosengeld, vier Erwerbsunfähigkeitsrente, lediglich zwei hatten ein festes monatliches Gehalt. Die Mehrheit (12) der Betroffenen wohnte in einer eigenen Wohnung, vier lebten im betreuten Wohnen, die anderen wohnten in einer WG, in einer Übergangsbleibe oder bei den Eltern.

Probleme und Hilfebedarf

Von der medizinischen Diagnose aus gesehen ist die Hälfte der Befragten (Mehrfachnennungen waren möglich) als psychotisch eingestuft worden, sieben als depressiv, sechs hatten Ängste und Phobien, sieben Panikattacken. Der so genannte neurotische Bereich war gering vertreten (nur zwei Nennungen). Insgesamt sechs von zwanzig Personen waren drogenabhängig, weitere sechs alkoholabhängig.

Die Mehrheit (13 von 20) hatte schon psychiatrische Aufenthalte hinter sich. Manche waren nur einmal, andere zehnmal, einer knapp zwanzigmal auf einer psychiatrischen Station gewesen. Noch keine Psychiatrie-Erfahrung besaßen sieben Personen, jedoch viele Krisenerfahrungen, die sie bewogen, zu den Nachtschwärmern zu kommen.

In sozialer Hinsicht sind fast alle von Isolation bzw. Kontaktarmut geprägt. Neben Partnerschaftstrennungen (5) und dem Verlust nahe stehender Personen (7) betrachtete auch beinahe die Hälfte (9) – Mehrfachnennungen waren möglich – die Wiedereingliederung in die Gesellschaft als äußerst schwierig.

Was erwarten die Besucher vom Nachtschwärmer-Projekt?

Über 75 Prozent der Teilnehmenden (16 von 20) äußerten die Erwartung, in einer Krisensituation die Möglichkeit zu haben, eine emotionale Begleitung in Anspruch zu nehmen. Mehr als die Hälfte (12) suchten neue Impulse bzw. Ideen, ihre Lebensproblematik in Form von Selbsthilfe zu bewältigen. Die gleiche Anzahl äußerte jedoch auch den Wunsch, in Krisensituationen ein Fachgespräch mit einem Professionellen führen zu können. Die Notwendigkeit der Zusammenarbeit mit Professionellen wurde auch bei anderen Fragen von der Mehrheit bejaht. Der größte Teil der Teilnehmenden ist also nicht antiprofessionell eingestellt; sie haben den Gegensatz von Betroffenen und Professionellen weitgehend überwunden und empfinden die Zusammenarbeit mit Professionellen als sinnvoll. Wichtig ist dabei jedoch, dass die Professionellen sich auf die Klienten, ob Alkoholabhängige oder Menschen mit Psychose-Erfahrung, einstellen können.

Diese proprofessionelle Haltung können die Befragten ohne weiteres in Einklang bringen mit Selbsthilfetätigkeiten. Sie können sich um professionelle Hilfe bemühen und gleichzeitig bei den Nachtschwärmern neue positive Möglichkeiten im Umgang mit ihren alltäglichen Problem- bzw. Krisensituationen finden (12) und neue Fähigkeiten, Interessen, Ressourcen in sich entdecken (11). Professionelle Hilfe und Selbsthilfe scheinen sich nicht zu widersprechen, sondern sind den Teilnehmern entsprechend eher sich ergänzende Hilfemöglichkeiten. Man holt sich das, was man braucht und was einem weiterhilft.

Über die professionellen Hilfe-Erwartungen und die Entwicklung von Selbsthilfefähigkeiten hinaus ist auf Grund der bereits zuvor erwähnten Vereinzelung oder sogar Vereinsamung die Suche nach Kontakten für die Mehrheit der Teilnehmenden das bestimmende Motiv, sich den Nachtschwärmern anzuschließen (13). Auch der Wunsch nach Kommunikation wurde oft genannt (12). Doch die weitaus meisten (15) hatten das Bedürfnis, sich mit anderen Menschen, die ähnliche Erfahrungen gemacht haben, auszutauschen.

Die Wünsche und Vorstellungen der Teilnehmenden entsprachen in etwa dem, was das Nachtschwärmer-Team auch anbot. Angebot und Bedarf deckten sich also einigermaßen. Nur in drei Punkten wichen Angebot und Wunschvorstellung voneinander ab. Erstens wurde fast einheitlich Kritik an den Öffnungszeiten geübt. Die Nachtschwärmer haben donnerstags bis sonntags von 20 bis 2 Uhr geöffnet und den Teilnehmern zufolge sollte die psychosoziale Selbsthilfe täglich bis in die Morgenstunden geöffnet haben. Dazu bräuchten die Nachtschwärmer aber mehr Mitarbeiter, mehr ABM-Stellen. Ob das bei der momentan existierenden Finanzmisere je verwirklicht werden kann, ist fraglich. Auf der Ebene von Freiwilligkeit lassen sich solche Dienste über einen längeren Zeitraum kaum aufrecht erhalten.

Diese von den befragten Psychiatrie-Erfahrenen geäußerten Wunschvorstellungen sind auch als ein Appell an die gemeindenahe psychosoziale Versorgung zu verstehen, dass eine solche Nachtstätte aufgebaut werden sollte. Sie scheint von großer Wichtigkeit für die Psychiatrie-Erfahrenen zu sein, da Krisen häufig gerade nachts auftreten. Diese Wünsche sind sicher nicht nur spezifisch für Bremen, sondern lassen sich mit großer Wahrscheinlichkeit auf die ganze Bundesrepublik übertragen.

Die zweite Kritik bezog sich auf das professionelle ABM-Personal, das nach Meinung der meisten Psychiatrie-Erfahrenen zu viel seiner Zeit in der Küche bei der Essensgestaltung und beim Aufräumen der Küche verbringt und dadurch weniger Zeit für die Gespräche hat, von denen sich viele der Teilnehmer Hilfe versprechen. Hier hat das Arbeitsamt auf Wunsch der Nachtschwärmer gehandelt und eine Küchenhilfe nach § 19 BSHG zur Verfügung gestellt, doch das Problem ist dadurch nur jeweils für den Zeitraum eines Jahres gelöst; danach muss erneut verhandelt und eine entsprechende Kraft gefunden werden. Diese Kritikpunkte zeigen, dass die Betroffenen Gespräche mit Professionellen auch in Selbsthilfegruppen für wichtig und sinnvoll halten und dass Gesprächsgruppen auch in Zukunft ein wesentlicher Bestandteil der Selbsthilfeorganisationen und der gemeindenahen Versorgungsstrukturen insgesamt sein sollten.

Die dritte Kritik betraf die von der Bremer Werkgemeinschaft angemieteten und tagsüber von der Tagesstätte genutzten Räumlichkeiten. Für viele ist die räumliche Struktur nicht adäquat für Gespräche und Austausch von Erfahrungen. Hier ist bislang noch keine Abhilfe in Sicht, denn die Nachtschwärmer sind finanziell nicht in der Lage, sich teure, begegnungsfreundlichere Räumlichkeiten anzumieten. So bleibt der Wunsch, einen Sponsoren zu finden oder von der Behörde eine Mietzusage zu bekommen. Diese finanzielle Problematik betrifft die meisten Selbsthilfegruppen: Es werden wichtige Dienste in der Gemeinde verrichtet, die auch von Behörden gewürdigt werden, doch es fließen kaum Gelder an die gemeindenahen psychosozialen Selbsthilfegruppen.

Die Möglichkeit der Begegnung mit nicht psychotischen Personen wie Studierenden und sonst Interessierten fand die Mehrheit der Befragten (14) »gut«, einige (4) nahmen diese Mischung aber zuweilen als störend wahr. Zwei machten keine Angabe. Als störend empfanden einige Teilnehmer, dass Alkoholabhängige, die im alkoholisierten Zustand zu der Selbsthilfegruppe kamen, sich anderen Teilnehmern gegenüber manchmal aggressiv verhielten. Es stellt sich also die Frage, ob es sinnvoll ist, in einer Selbsthilfegruppe Menschen mit unterschiedlichen Problemen zusammenzubringen.

Subjektive Bedeutung der Selbsthilfe

Die oben genannten Kritikpunkte, insbesondere an der zu knappen Öffnungszeit, zeigen die lebensweltliche Bedeutung des Projekts Nachtschwärmer. Hier wird ein unmittelbarer Bedarf deutlich, der durch die gegenwärtige psychosoziale Versorgung nicht abgedeckt wird. Die Reformpsychiatrie wollte seinerzeit ein Versorgungssystem aufbauen, in dem es keine Lücken mehr geben sollte. Dass das bis heute nicht so ist, zeigt sich auch an der großen Nachfrage für das Angebot der Nachtschwärmer. Es fehlt in der psychiatrischen Versorgung eine der Tagesstätte entsprechende Nachtstätte.

Die Nachtstätte hat eine doppelte Funktion: Zum einen kommen Personen, die, obwohl sie zum Teil betreut wohnen, immer wieder Gefahr laufen, in eine Krise zu geraten, die sie allein und auf sich gestellt nicht bewältigen können, aber einer Klinikeinweisung vorbeugen wollen. Die Nachtstätten-Konzeption deckt sich mit dem, immer wieder zu hörenden, Motto der psychosozialen Dienste: »ambulant vor stationär« und bekommt zukünftig vor dem Hintergrund des in die Kritik geratenen Heimwohnens eine noch höhere Relevanz. Zum anderen haben die Nachtschwärmer auch eine ergänzende Funktion. Sie stützen Menschen, die nach Klinikaufenthalten auf sich zurückgeworfen sind und auf Grund von Beziehungskonflikten – zumeist Partnerprobleme – vereinzelt und isoliert leben. Einfach mit anderen Menschen zusammen sein, sich mit ihnen austauschen zu können, gibt den Individuen in der postklinischen Phase einen Halt, den sie nachts sonst nirgendwo finden. Dieser Halt – wieder erste soziale Wurzeln zu schlagen – kann neuerliche Klinikeinweisungen verhindern.

Diese Ergebnisse decken sich in etwa mit denen der in den USA durchgeführten Untersuchungen von »consumer-run services« (MOWBRAY u.a. 1998; VAN TOCH/DEL VECCHIO 1999), in denen auch die Zufriedenheit der Teilnehmenden und die positiven Effekte der Partizipation zum Ausdruck kamen. Die Bedeutung der Gemeinschaft und der sozialen Unterstützung finden sich auch in anderen amerikanischen Untersuchungen wieder (SEGAL u.a. 2000). In dieser Studie wird außerdem noch auf den materiellen Nutzen von Selbsthilfegruppen hingewiesen, nämlich das kostenlose Gewähren einer vorübergehenden Unterkunft (eventuell mit einer gewissen Verpflegung) für obdachlose Psychiatrie-Erfahrene entsprechend den Konzepten von Weglaufhäusern (wie in Berlin) oder »Hotels« wie in Köln (WEHDE 1991; NOUVERTNÉ u.a. 2002).

Nach diesen Ergebnissen ergeben sich zwei weitere Fragenkomplexe. Erstens die nach den salutogenetischen Effekten solcher Selbsthilfeprojekte in psychischer, sozialer, körperlicher und beruflicher Hinsicht. Einiges wird schon aus der bisherigen Untersuchung und aus Gesprächen mit Betroffenen deutlich. So machte ein Psychiatrie-Erfahrener während einer Fernsehsendung über die Nachtschwärmer die Aussage: »Gäbe es nicht die Nachtschwärmer, so wäre ich nicht das, was ich jetzt bin.« Ein weiterer Teilnehmer der Selbsthilfegruppe vertrat die Auffassung, dass er sich wegen seiner Spielsucht und den sich daraus ergebenden Problemen in vielen Kliniken aufgehalten habe, er aber nicht »geheilt« wurde. Erst seine Tätigkeiten bei den Nachtschwärmern (er kocht sehr gerne) und die dortige Anerkennung haben ihn nun schon über Jahre von seiner Spielsucht befreit.

Die zweite interessante Frage betrifft selbsteinschätzende Vergleiche Psychiatrie-Erfahrener vor und nach der Teilnahme an einer Selbsthilfegruppe. Hat die Teilnahme in der Gruppe den Psychiatrie-Erfahrenen stabilisiert und hat sie Potenziale freigesetzt? Untersuchungen dieser Fragen laufen zurzeit.

Kapitel 6
Der lebensweltliche Blick

Lebens- und Krankheitsgeschichten

Die Aufarbeitung der Lebensgeschichte ist für Selbsthilfe sehr wichtig, denn sie zeigt die Spuren der vergangenen individuellen und sozialen Problematik. Falls diese noch nicht adäquat verarbeitet worden ist, kann jederzeit aus den unangemessen verarbeiteten Konflikten eine Krise entstehen.

In der Vorgehensweise, Lebens- und Krankheitsgeschichten aufzuarbeiten, wird der Schwerpunkt auf das Soziale, d.h. das Sozial- und Lebensgeschichtliche, gelegt. Um dieser Schwerpunktverlagerung gerecht zu werden, soll das weiter oben diskutierte soziopsychobiologische Modell zu Grunde gelegt werden. Anhand von Lebensgeschichten soll das Sozial-Destruktive aufgearbeitet werden und es soll aufgezeigt werden, dass der psychiatrische Diskurs »unsozial« ist, indem er das Soziale immer noch zu wenig diskursfähig macht. Psychosoziale Selbsthilfe akzentuiert in ihren Erklärungsformen und Hilfekonzeptionen das Soziale. Wesentlich ist für eine sozial ausgerichtete Selbsthilfe dem sozialgeschichtlich Negativen, das von den Psychiatrie-Erfahrenen nicht adäquat verarbeitet wurde und zu Problemen, Konflikten, Krisen und zu fehlender Sozialkongruenz (bis hin zu Klinikeinweisungen) führte, mit Hilfe von sozial produktiven Erfahrungen in Selbsthilfe gegenzusteuern. Ihr kann in diesem Kontext die Qualität einer neuen sozialen Ressource zugeschrieben werden.

Lebensgeschichten Psychiatrie-Erfahrener und ihre Folgen
Anhand von vier, sehr bekannt gewordenen Lebensgeschichten soll das soziopsychobiologische Denkmodell veranschaulicht werden. In diesen Texten werden die Umstände der Klinikeinweisungen geschildert und die Erfahrungen der Betroffenen mit der Psychiatrie beschrieben.

Adalgisa Conti

Die Lebensgeschichte von Adalgisa CONTI (1978) ist, im Gegensatz zu den anderen, erst kürzlich erschienenen Erfahrungsberichten, kurz vor dem Ersten Weltkrieg verfasst worden. Das Büchlein besteht aus einer Anzahl von Briefen, die A. Conti an ihren Arzt in einer italienischen Irrenanstalt geschrieben hat. Diese wurden in den siebziger Jahren des 20. Jahrhunderts bei der Umstrukturierung der Psychiatrie und im Zusammenhang mit der geplanten Abschaffung der Anstalten in Italien gefunden. Für Conti, die bei der Herausgabe ungefähr 90 Jahre alt war und seit 1913 ohne Unterbrechung in der Anstalt lebte, kam die Befreiung von ihrer Zwangseinweisung und ihrer über sechzigjährigen Verwahrung »zu spät«: Sie war am Ende ihres Lebens angelangt, war taub, lethargisch und zerbrechlich. Ihre Autobiografie jedoch umreißt in aller Deutlichkeit die ihrer Meinung nach für die Zwangseinweisung verantwortliche Lebenslage.

Die Briefe sind eine Anklage gegen ihren Ehemann, der sie nicht nur »ins Loch steckte«, sondern ihrer Meinung nach sogar die hauptsächliche Ursache für ihr tägliches Leiden war. Ihr Ehegatte »ging den lieben langen Tag seine eigenen Wege, vor allem sonntags, dann ging er mit Freunden auf die Jagd und abends zum Billard. Er war kalt und gleichgültig, küsste mich nie mit jener Wollust, die ich ersehnte, küsste er mich doch einmal, so glaube ich mehr aus Mitleid oder um seine Ruhe zu haben. Nachts kam er spät nach Hause, und oft weinte ich unter meiner Decke verborgen.« (S. 31)

In dieser Autobiografie wird deutlich, wie Adalgisa unter der Beziehung zu ihrem Ehemann litt, wie die sozialen Strukturen des damals patriarchalischen Italien sie zerstörten und dass ihre Sozialgeschichte eine kontinuierliche Leidensgeschichte war, die ihren Tiefpunkt in der langen Anstaltsverwahrung erhielt. Die sozial negativen, sie in ihrer Persönlichkeit negierenden und ihr keine Ausweichmöglichkeiten gewährenden, Strukturen setzen sich in der 64-jährigen Krankengeschichte innerhalb der Mauern der psychiatrischen Anstalt Arezzos' fort.

Es wird nicht abgestritten, dass Adalgisa möglicherweise eine im Vergleich zu ihren Mitmenschen schlechtere biologische Konstitution mitbekommen hat, sie vielleicht dünnhäutiger war als andere Frauen zu ihrer Zeit, dass für sie Belastungen eventuell schwieriger zu ertragen waren als für andere Ehegattinnen, doch wie dem auch sei: Ohne das vom Ehemann ausgehende sozial destruktive Verhalten wäre es mit hoher Wahrscheinlichkeit nicht zu der niedergeschlagenen, deprimierten und suizidalen Stimmung Adalgisas gekommen. Das Sozial-Destruktive sollte in der multifaktoriellen Verursachung daher als primär betrachtet werden.

Im Nachwort des Buches steht zum Fall Conti Folgendes: »Wenn die Frau sich mit ihrer aufgezwungenen Rolle nicht mehr identifizieren kann, rebelliert sie wenigstens auf symbolische Weise. Und um sich mit dem unvorstellbaren Inhalt dieser Symbolik nicht auseinander setzen zu müssen, beschließt dann die Familie, dass es nicht die Kranke, sondern ein übermächtiger Geist ist, der in sie fuhr« (S. 129). Dadurch sollte vermieden werden, dass die Familie Verantwortung für das bizarre Verhalten Adalgisas übernehmen musste. Der damalige Freispruch der Familie zeigt, dass das Destruktive des Sozialen nicht diskursfähig war.

Die folgenden Lebensgeschichten sind neueren Datums und es stellt sich die Frage, inwiefern sich mit Hilfe der Reformpsychiatrie ein neuer lebensweltlicher Blick für das Sozial-Destruktive herausgebildet hat.

Vera Stein

Vera STEIN (1996) zieht, als sie zwei Jahre alt ist, mit ihrer Familie von Südamerika nach Deutschland, erkrankt sehr früh in ihrem Leben an Kinderlähmung und macht schon mit 15 Jahren ihre ersten Erfahrungen mit der Psychiatrie. Es finden mehrere stationäre Aufenthalte (»Drehtürpsychiatrie«) über einen längeren Zeitraum statt. Während die Eltern, den Psychiatern folgend, den Zustand ihrer Tochter aus einer geschwächten biologischen Konstitution herleiten, erklärt Vera ihren Zustand auf Grund sozial destruktiver Konstellationen in der Familie, insbesondere der Eltern. Sie konzipiert sich und den Menschen überhaupt als »Symptomträger‹ seiner näheren Umwelt, von Partner, Familie, Verwandtschaft« (S. 190) und sieht ihre übersteigerten Aggressionen gegen Ungerechtigkeit (ungerechte Erziehungs- und Umgangsformen), Zwang und Druck als eine angemessene Reaktion auf unerträgliche Situationen. Sie schreibt, dass »Erziehungs- und Umgangsformen häufig ungerecht gehandhabt wurden. Vater kam dann angerannt, schimpfte und ohrfeigte mich. Anfangs weinte ich. Mit der Zeit fielen die Reaktionen jedoch wütender aus. Ich wehrte mich« (S. 17). Ihren Wahn betrachtet sie als Möglichkeit dieser Welt, in der jegliche Zuwendung und Gespräche fehlen, zu entfliehen (S. 17).

Psychiatrische Zwangsmaßnahmen gehen bei Vera, wie bei vielen anderen Patienten, an der sozialen Konfliktlage vorbei. Mag sein, dass Vera im Hinblick auf ihre sozial unangemessene Umwelt sensibler reagiert als andere Jugendliche, mag sein, dass sie auch konstitutionell nicht so gut wie andere ihres Jahrgangs in der Lage war, die vielen familiären Verstrickungen adäquat zu verarbeiten, doch ebenso wie in der Autobiografie von A. Conti erscheint mir das Sozial-Destruktive primär. Andere familiäre Bedingungen hätten wohl nicht solche Konsequenzen heraufbeschworen.

Ursula Termeer

Ursula Termeers Lebensgeschichte (in: KEßLER 1997) ist im Wesentlichen von zwei sozialen Problemen durchwoben. Zum einen hat sie, wie auch bei den obigen Autobiografien ersichtlich wurde, intensive Beziehungsprobleme, die sich immer mehr zu Krisen verdichten. Ihr Ehemann, mit dem sie elf Jahre lang zusammenlebt, »kann Gefühle und Zärtlichkeit nicht zeigen. Er wehrt meine Gefühle ab, damit er seine nicht zulassen muss. Sie sind ihm unbekannt und machen ihm Angst.« (S. 86) Der Ehemann ist hart und verständnislos. Neben der Beziehungskrise muss sie als Lehrerin noch die zusätzliche Belastung des kalten und erstarrten Systems der Schule ertragen, wo der Direktor und später die Direktorin ihren Unterricht und ihre Bewegungen genauestens kontrollieren. Sie fühlt sich von diesen Vorgesetzten verfolgt und ihr Leben wird zunehmend von Angst besetzt (S. 86 und 101). Sie ist Künstlerin, malt sehr viel und zündet eines Tages aus Verzweiflung eines ihrer Kunstwerke an, löscht es zwar wieder, doch die Feuerwehr und die Polizei werden gerufen. »Ich bewerf sie mit Nudeln und dem Besteck, brülle sie an, sie sollen verschwinden« (S. 73). Doch die Polizei führt sie in Handschellen ab.

Ihr Verrücktsein sieht Termeer als ein Ver-rücken, »von der äußeren Realität in die innere eingerückt« (S. 102). Sie schwankt zwischen manischem Erleben und einem depressiven Weltempfinden. Auch in dieser Lebensgeschichte manifestieren sich sozial destruktive Elemente, die über ihre Belastbarkeit hinausgehen. Sicher mag es Menschen geben, die Doppelbelastungen bzw. Doppelkrisen ohne weiteres bewältigen können, die, sei es konstitutionell oder durch positive, Ich-stärkende Sozialisationsbedingungen bedingt, widerstandsfähiger sind als Ursula Termeer, doch ohne die sozial destruktiven Beziehungs- und Berufserfahrungen wären die Krisen erst gar nicht aufgekommen. Der soziale Diskurs muss zweifelsohne primär sein.

Dorothea Buck

Dorothea BUCK (1999) wird während des ersten Weltkrieges in ein sehr christliches Elternhaus hineingeboren und das Christentum begleitet sie ihr ganzes Leben hindurch. Sie absolvierte die mittlere Reife und hatte den Wunsch, Kindergärtnerin zu werden. Doch ein in den Dünen auf der ostfriesischen Insel Wangerooge stattfindendes Erlebnis hatte nachhaltigen Einfluss auf ihr Leben, das sie so beschreibt:

»Seit einigen Wochen erlebte ich diese starken inneren Impulse. Ich folgte ihnen bedingungslos, denn ich empfand sie als Führung nach dem Paulus-Wort: ›Die der Geist treibt, die sind Gottes Kinder.‹« (S. 19) Sie verbrachte die Nacht in den Dünen, zog bis auf ihren Mantel alle ihre Kleider aus und folgte dem Morgenstern bis ins Watt. Als sie erwachte, fand sie sich zu Hause wieder. Arbeiter hatten sie gefunden.»Als ich Mutter erzählte, dass ich einen Stern vom tiefen Horizont bis hoch in den Himmel hatte aufsteigen sehen und danach noch einen zweiten, schüttelte sie ungläubig den Kopf: das könne nicht sein.« (S. 20)

Die von den Eltern konsultierten Ärzte diagnostizierten eine Geisteskrankheit und D. Buck kam auf die Betheler Unruhe-Station. Diese Episode abweichenden Verhaltens hatte für sie verheerende Konsequenzen. Auf Grund des nationalsozialistischen Erbgesundheitsgesetzes wurde sie in den dreißiger Jahren des letzten Jahrhunderts zwangssterilisiert. Es machte ihr zu schaffen, keine Kinder haben zu können. Doch unermüdlich setzte sie sich dafür ein, Künstlerin, vorrangig Bildhauerin, zu werden.

Der »unsoziale« Diskurs der Psychiatrie

Trotz des multifaktoriellen, biopsychosozialen Modells geht die Psychiatrie kaum auf diese, für die Betreffenden wesentlichen, sozialgeschichtliche Krisen bedingenden Elemente ein. In der Diagnose der A. Conti wird ihr Melancholie, Suizidgefahr und Wahn attestiert, ohne dass die Ehekrise angemessen berücksichtigt wird. Die sozial nicht aufgedeckten Gründe werden dann im Inneren, in der biologischen, genetischen Verfassung gesucht.

V. Stein wird als sehr krank, nämlich als psychopathisch diagnostiziert (S. 32). Ihr wird eine Psychose aus dem schizophrenen Formenkreis oder auch eine Persönlichkeitsstörung unterstellt. Die sozial zerstörerischen Elemente der Familie werden im Gegensatz zu dem asozialen Verhalten der Betroffenen selbst nicht aufgegriffen.

Eine ähnliche Diagnose, nämlich Schizophrenie, erhält D. Buck auf Grund ihrer seltsamen Erfahrungen in den Dünen. Diese Diagnose behielt sie während ihrer gesamten weiteren stationären Einweisungen.

Ebenso zeigt U. Termeers Lebens- bzw. Krankengeschichte, dass in der Psychiatrie in keiner Weise auf ihre sozialen Belastungen eingegangen wurde. Sie weist ferner auf die, durch die »unsoziale«, ins Biologische verlagernde Diagnose, heraufbeschworene Gefahr der Verewigung der Krankheit hin. Die »Diagnose, mir in den Psychiatrien mitgegeben, zerreißt mir den Verstand« (S. 100 f.). Auch K. Dörner warnt in seinen Veröffentlichungen vor der lebenszerstörerischen Kraft bestimmter Diagnosen. In seinem Buch über die Entstehung und Wirkung psychiatrischer Diagnosen (DÖRNER 1975, S. 137) beschreibt er, wie der Schriftsteller Vesper in den Suizid getrieben wurde, als ihm die Diagnose »Schizophrenie« verpasst wurde. Es beherrschte ihn die quälende Frage, eine dauerhafte Krankheit des Kopfes zu haben.

Die primäre Betonung des Biologisch-Genetischen, anstelle einer lebensgeschichtlichen Betrachtung, resultiert aus einer oft eindimensionalen medizinischen Betrachtungsweise. Genau das kritisiert auch Vera Stein: »Anstatt Menschen zu betäuben, sollte zunächst in ihrem Lebensumkreis nachgeforscht werden, sollten Gespräche eingeleitet werden: Warum verhält sich derjenige, diejenige so? Was sind die Ursachen für sein oder ihr auffälliges schlechtes Befinden?« (S. 193). Die von ihr geäußerte Kritik macht deutlich, dass die biologisch orientierte Psychiatrie, die den Inhalten der Psychosen und ihren lebensgeschichtlichen Sinnzusammenhängen wenig Beachtung schenkt, in der psychosozialen Versorgung nach wie vor dominant ist und reformerische Ansätze, die Gespräche als wesentliche Behandlungsgrundlage betrachten, zu wenig Beachtung finden.

Die Folge der massiven Verordnung von Psychopharmaka in psychiatrischen Krankenhäusern ist, nach Ursula Termeer, dass die meisten Patientinnen und Patienten apathisch herumsitzen. »Sie nehmen ihre Umgebung nicht wahr, sind in sich versunken und leiden still vor sich hin. Leben ist hier kaum vorhanden. Ich bin betroffen.« (S. 94)

Dorothea Buck spricht von der »großen Kälte der Psychiatrie« (S. 200) und beschreibt den stationären psychiatrischen Aufenthalt wie folgt: »Das war das Unheimlichste, was ich in einer Anstalt erlebt habe: ein großer Saal voll absichtlich geschwächter, halb oder ganz betäubter Patienten. Die Ärzte hatten kaum eine Ahnung von dem, was wir erlebten, aber sie besaßen die Macht, uns im geschlossenen Haus zwangsweise auch noch die letzte Freiheit zu nehmen: die Freiheit über unsere Gedanken, unser Bewusstsein und unseren Körper« (S. 218). Sie betont immer wieder: »Man nahm uns nicht ernst« (S. 219) – eine ähnliche Erfahrung hat der eingangs von mir zitierte psychiatrisierte Klient Peter gemacht.

Die klinische Sozialisation will den Menschen beruhigen und stabilisieren, allerdings kommt sie, aus der Perspektive der oben dargestellten Betroffenen, kaum dazu, die Sozialgeschichte mit der individuellen Lebensproblematik aufzuarbeiten, geschweige denn zusammen mit den Psychiatrie-Erfahrenen Coping-Strategien für Konfliktlagen zu entwickeln. Selbsthilfe wird, wenn überhaupt, nur ganz vereinzelt gefördert. Zum überwiegenden Teil tun die Professionellen etwas für die Betroffenen, ihre Qualifikationen und Ressourcen fließen ein, während die Ressourcen der Psychiatrie-Erfahrenen immer mehr abgebaut und verschüttet werden. Mit I. Illich könnte die These vertreten werden, dass die professionellen Handlungen zu einer »Entressourcierung« und »Entmündigung« der Betroffenen führen. Sie hatten schon zuvor in ihrem Leben Schwierigkeiten im Umgang mit sozialen Belastungssituationen, diese sind nunmehr durch die klinische Sozialisation nicht geringer, sondern eher größer geworden.

Die Klinik entpuppt sich in den jeweiligen Lebensgeschichten der psychiatrisierten Frauen nicht als eine soziale Ressource, es müssen daher andere soziale Hilfemöglichkeiten in Erwägung gezogen werden. In der gemeindenahen psychosozialen Versorgung gibt es gegenwärtig Bestrebungen, ambulante Einrichtungen in diese Richtung zu entwickeln. Eine sehr effektive Möglichkeit ambulanter Dienste wäre natürlich Selbsthilfe oder professionelle Hilfe zur Selbsthilfe.

Selbsthilfe als Ressource

Den Klinikaufenthalt nicht zum Dauerzustand werden zu lassen, an den sich die Betreffenden gewöhnen, sich eben nicht gehen oder treiben zu lassen, sondern gegen die Entmündigung Widerstand aufnehmen, dagegen anzukämpfen, und Möglichkeiten zu suchen, sich selbst zu helfen, das ist die Botschaft, die aus den Lebensgeschichten V. Steins, D. Bucks und U. Termeers ersichtlich wird. A. Conti stellte zwar in aller Offenheit die sozialen Gründe für ihre Einweisung heraus, doch sie offenbarte keinen Widerstand gegen ihre Psychiatrisierung; der Zeitgeist war zu Beginn des 20. Jahrhunderts noch ein anderer als gegen Ende dieses oder zu Beginn des neuen Millenniums.

D. Buck protestierte gegen die aufgezwungenen Spritzen: »Ich versuchte zu erklären, dass mein vorangegangener Schub ohne Medikamente von selbst abgeklungen sei und gerade dadurch eine schubfreie Pause von dreizehn Jahren möglich geworden sei. (...) Es half alles nichts. ›Das überlassen Sie nur uns‹, meinte einer der Ärzte dieser Aufnahmestation.« (S. 218) Da die Ärzte wenig Verständnis für die Lage der Patienten zeigten, versuchte Dorothea Buck mit anderen zusammen über das zu sprechen, »was uns an unseren Psychose-Erfahrungen besonders beeindruckte. So konnten wir einander in dem Gefühl bestärken, dass unser Erleben sinnvoll war, und uns von dem entwertenden psychiatrischen Urteil lösen, das unser Selbstvertrauen untergräbt.« (S. 221)

Aussprüche wie »Ich will es doch schaffen« (STEIN, S. 160) statt in die Rolle des Kranken, also des »Ich kann nicht. Ich habe Angst.« zu schlüpfen, waren der innere Ansporn, die treibende Kraft, sich selbst zu helfen, in der eigenen Gesundung voranzukommen.

Wesentlich für die Realisierung dieser selbstermutigenden Anstachelung sind förderliche soziale Lebenswelten. V. Stein fand sie in der liebevollen

Aufnahme bei einer Mitpatientin und deren Familie. Es war ein sehr wichtiges Miteinander. »Familie E. sprach häufig miteinander, beredete Erlebnisse, diskutierte Probleme. Alle Anwesenden wurden mit einbezogen und für voll genommen ... Dieses Anerkanntwerden als Mensch, diese Unterstützung bei der Suche nach der eigenen Persönlichkeit, woran es schon im Kindes- und Jugendalter daheim mangelte, gab Selbstbestätigung. Ich fühlte mich nicht mehr wie die ›Irre aus der Klapse‹. Viele Unternehmungen machte Familie E. zusammen: Ihre Gemeinschaft, ihr Miteinander, ihre Liebe gaben mir viel Kraft.« (STEIN, S. 165)

Auch für U. Termeer ist es sehr wichtig, dass sie in ihrer Not nicht allein ist, sondern sich auf eine liebende Person stützen kann: »Bei ihr finde ich den Schutz und die Liebe, die mich überleben lassen. Ich gebe immer häufiger ihrem Drängen nach, mich am Leben zu beteiligen. Wir gehen einkaufen, besuchen Freundinnen, gehen ins Kino, und vor allem fange ich selbstständig motiviert wieder an zu malen.« (S. 120) Sie beteiligt sich auch an politischen und kulturellen Gruppen. Sie fühlt sich gebraucht, sie stellt fest, sie kann wieder etwas. »Meine abgestorbenen Gefühle regen sich, werden lebendig, ich lebe mit gestärktem Selbstbewusstsein.« (ebd.)

Aber es gab auch immer wieder die eine oder andere professionelle Person, die sich im Leben der obigen Frauen bemühte, deren Lebensproblematik zu verstehen und unterstützend tätig zu sein. Auf diese in Krisen unterstützende Hilfe konnten sie hin und wieder bauen. Doch leider war diese Art der Hilfe selten.

Mit Ausnahme von A. Conti zeigen alle Lebensgeschichten, dass Selbsthilfe in unterschiedlichster Weise in ihrem Leben eine große Rolle spielte – von der Sorge um sich und um ihre Zukunft, der Suche nach Verständnis, menschlicher Nähe und Selbstbestätigung bis hin zur Teilnahme an Gruppen. D. Buck hat sich im Vergleich zu den anderen Frauen dadurch hervorgetan, dass sie sich gegen die Stigmatisierung Psychiatrie-Erfahrener stark machte. Sie war Mitbegründerin der Psychose-Seminare, die nicht nur großen Einfluss auf die Psychiatrie hatten, sondern den Blick auf die von der institutionellen Psychiatrie vernachlässigten Erfahrungswelten Psychiatrie-Erfahrener richteten. Darüber hinaus machte sie sich einen Namen als Mitbegründerin des Bundesverbandes Psychiatrie-Erfahrener (siehe oben).

Sie kann, neben ihren praktischen Erfolgen, als Essayistin der Selbsthilfe bezeichnet werden. So sieht sie die Selbsthilfe von drei Säulen getragen (BUCK 1998, S. 196): erstens vom Selbstverständnis, d.h., die Psychiatrie-Erfahrenen sollten ihre Psychosen im Zusammenhang mit ihrer Lebensgeschichte verstehen lernen; zweitens vom Erfahrungsaustausch, was insbesondere in den Psychose-Seminaren zum Ausdruck gebracht wird, in denen es darum geht, das gegenseitige Verständnis wachsen zu lassen; drittens von Selbsthilfeorganisationen, um sich gegen Vorurteile und Diffamierungen zu wehren und Ermutigung und Solidarität zu bieten. So ist denn auch ein Motto von ihr: *Lasst euch nicht entmutigen* (BUCK 2002).

Psychosoziale Selbsthilfegruppen als soziale Ressourcen

Die obigen Lebensgeschichten haben gezeigt, wie soziale Hilfestellungen mit dazu beigetragen haben, eine Wende zur »Gesundung« zu bewirken. Die sich in den letzten Jahren konstituierenden Selbsthilfegruppen sind für all jene Menschen mit Psychiatrie-Erfahrung ideal, die diese sozialen Möglichkeiten nicht haben und ohne jene völlig auf sich selbst zurückgeworfen wären. Selbsthilfegruppen sollen sozial produktive, kommunikationsfördernde und ressourcenstärkende Strukturen darstellen und damit ein Gegengewicht zu den ursprünglichen destruktiven sozialen Alltagsstrukturen und darauf folgenden klinischen Sozialisationserfahrungen bilden.

In den Gruppen wird nichts *für* andere Menschen gemacht; vielmehr soll jeder wieder Schritt für Schritt lernen, etwas in die eigenen Händen zu nehmen und mit den eigenen Selbsthilfemöglichkeiten zu experimentieren. Dabei gibt die Gruppe Anregungen und stimuliert. Es bleibt allerdings dem Einzelnen überlassen, sich auf bestimmte Möglichkeiten einzulassen und mitzumachen, was wiederum eine Mikroerfahrung von Macht (power, empowerment) mit sich bringt – im Gegensatz zum »Entpowerment« der Klinikerfahrungen und der zuvor in Ehe und Familie wie auch Schule bereits evidenten Situationen der Entmachtung.

Diejenigen, die auf Grund ihrer vergangenen, sozial destruktiven Erfahrungen noch nicht in der Lage sind sich einzubringen und mitzugestalten, können mit anderen Psychiatrie-Erfahrenen, die ähnliche Erfahrungen gemacht haben, Probleme besprechen und vorbeugende Schritte gegen erneute Krisen und Klinikeinweisungen in Erwägung ziehen. Gespräche schaffen Gemeinsamkeit. Erzählen und jemanden oder mehrere zur Seite zu haben, die zuhören, Erfahrungen austauschen, ein gegenseitiges voneinander Lernen – dies alles sind Ich-befreiende, ressourcenstärkende Elemente, Schritte, die allmählich dazu führen, Kontrolle über das eigene Leben auszuüben. Die Selbsthilfegruppe ist als stützende und unterstützende Struktur eine soziale Ressource für die sich um sich selbst sorgenden und nach Selbstheilung drängenden Teilnehmenden – eine Hoffnung für viele Menschen, die vom psychiatrischen Hilfesystem enttäuscht wurden.

Die Nachtschwärmer, die Brücke, das Biotop Mosbach, der Bundesverband Psychiatrie-Erfahrener und andere Selbsthilfeeinrichtungen bestätigen die oben gemachten Aussagen. Viele Teilnehmer haben dort etwas gefunden, was ihnen in ihrer sozialen Welt fehlte: Kontakte zu anderen
Menschen zu knüpfen, mit ihnen Kommunikation zu pflegen, gemeinsame Probleme zu besprechen und wieder das Gefühl zu erlangen, gebraucht
zu werden. Mehr noch: Viele dieser Initiativen und Gruppen haben längst
begonnen, Einfluss auf die Psychiatriepolitik und auf regionale Versorgungsstrukturen zu nehmen.

In der Selbsthilfegruppe werden Krisen aufgefangen und es werden
Klinikeinweisungen mit Hilfe gesundheits- bzw. ressourcenfördernder
Praktiken verhindert. Die Selbsthilfegruppe ist eine soziale Ressource für
viele Psychiatrie-Erfahrene, sie dient gleichzeitig als Freisetzung verschüt-
teter und verborgener Ressourcen. Es ist manchmal kaum zu glauben,
welche, in der Klinik unerkannten, und daher »unfunktionalisierten« Fähigkeiten in den Menschen schlummern.

Lebensbruch oder Krankheit?

Weiter oben wurde die Bedeutung der lebens- und sozialgeschichtlichen
Erschließung der jeweiligen Krise – des Sozial-Destruktiven – aufgezeigt.
Nunmehr erscheint es wichtig und bedeutsam für psychosoziale Selbsthilfegruppen, diese soziale Perspektive des Lebens- und Leidensgeschichtlichen
weiter auszubauen, denn die Alltagswelt der Psychiatrie-Erfahrenen scheint
sehr stark von zwischenmenschlichen und kommunikativen Problemen und
Konflikten geprägt zu sein. Entsprechende Hilfe sollte diese soziale Dimension zu Grunde legen. Im Folgenden sollen alternative Vorstellungen
über Krisen und deren Entstehung entwickelt und »Lebensbruch« als eine
Art Gegenbegriff zum medizinischen Modell erörtert werden.

Krankheitseinsicht?

Es ist für die Reformpsychiatrie wesentlich, um effizient sein zu können,
dass die Patienten sozusagen Mitarbeiter an ihrem Genesungsprozess
werden. Keine Reform kann erfolgreich sein, wenn die Betroffenen nicht
selbst das »therapeutische« Programm mittragen. Die Beteiligung an den
Behandlungsprozessen setzt jedoch eine bestimmte Krankheitseinsicht
voraus – in der Psychiatrie »Compliance« genannt, obwohl die nicht impliziert, dass der Betroffene die formale Diagnose der Psychiater teilen muss.
Zwar sind mangelnde Krankheitseinsicht, -bewusstsein und -gefühle nicht
gleichzusetzen mit Ablehnung der Behandlung, aber sie korrelieren oft. Sie

werden als Bedingungsfaktoren mangelnder Zusammenarbeit des Klienten in dem Behandlungssystem bewertet (LINDEN 1982, S. 93 f.).

Eine 1988 veröffentlichte Studie bestreitet die Krankheitseinsicht bei Patienten: »Bei vielen psychiatrischen Patienten ist jedoch die Krankheitseinsicht nur zeitweise gegeben, nur eingeschränkt vorhanden und zuweilen auch ganz aufgehoben.« (BENDER 1988, siehe Geleitwort). Die in ihrer Recherche mit quantitativen Methoden arbeitende, sie in verschiedene psychiatrische Syndrome und Diagnosen aufgliedernde und ungefähr 500 psychiatrische Patienten im Alter von 15–80 Jahren erfassende Untersuchung kam zu folgenden Schlussfolgerungen: Erstens sind die Patienten mit Depressionen, Neurosen und Persönlichkeitsstörungen signifikant krankheitseinsichtiger als die mit Schizophrenie und Manie. Zweitens korreliert nach dieser Untersuchung der Schweregrad der psychiatrischen Erkrankung negativ mit der Krankheitseinsicht: »Die Patienten zeigen also umso weniger Krankheitseinsicht, je kränker sie sind.« (ebd., S. 84) Obwohl keine signifikante Korrelation zwischen Intelligenz und Krankheitseinsicht besteht, gehen »numerisch geringe Korrelationen am ehesten in die Richtung, dass der intelligentere Patient Fremdbeurteilung akzeptieren kann und behandlungsbereiter ist« (ebd., S. 85).

Eine andere, 1994 veröffentlichte explorative Studie der subjektiven Krankheitstheorien von Patienten, der eine qualitative Forschungsmethodik zu Grunde lag, kam zu anderen Ergebnissen. Statt fehlender Krankheitseinsicht, wie in der oben genannten Studie, fiel bei dieser Untersuchung inhaltlich auf, dass alle Befragten das jeweilige Problemverhalten eindeutig als »krank« bezeichneten: »Bei kürzer Erkrankten, wie in der Stichprobe, wird eigentlich noch eine höhere Abwehr vermutet, sich mit der Krankenrolle zu identifizieren ... bis auf eine Ausnahme (bestand) bei keinem Befragten eine explizite Ablehnung der psychiatrischen Terminologie.« (STARK/STOLLE 1994, S. 77)

Vergleicht man die beiden von unterschiedlichen Methoden (quantitativ versus qualitativ) und einem zum Teil unterschiedlichen Patientenkreis (einerseits erweiterter Krankheitsbereich und zum anderen Beschränkung auf Psychotiker) ausgehenden Untersuchungen, so fällt eine weitere Gegensätzlichkeit ins Auge. Während die eine Untersuchung die psychotischen Kranken als krankheitsuneinsichtig beurteilt, bewertet die andere Recherche sie als krankheitseinsichtig.

Eine weitere Studie zum Krankheitsbewusstsein und zu Bewältigungsstrategien von Patienten mit »schizophrenen Psychosen« bestätigt in etwa die von F.M. Stark und R. Stolle erzielten Ergebnisse. Die mit 50 schizophrenen Patienten durchgeführten halb strukturierten Interviews ergaben, dass bei 84 Prozent der Fälle ein Krankheitsbewusstsein vorhanden war (DITTMANN/SCHÖTTLER 1990, S. 318–322). Eine andere Untersuchung, die zum Ergebnis hat, dass sich die Mehrheit der Befragten im Hinblick auf ihr Krankheitsbewusstsein weder für völlig gesund noch für (psychisch) krank hielt (BUSCHMANN-STEINHAGE 1987), kann sowohl für eine fehlende als auch für eine vorhandene Krankheitseinsicht gedeutet werden.

Es stellt sich also die Frage, ob die Erforschung der Krankheit im psychiatrischen Sinn dem alltagsweltlichen Verständnis von Krankheit gleicht. Interpretieren die Betroffenen nicht Krankheit – wie es die Konstruktivisten und Postmodernen betonen – in vielfältigster (und nicht in der psychiatrisch vorgegebenen) Weise? Gehen die Erforschungen der Krankheitseinsicht eventuell gar nicht auf die Bedürfnisse, Vorstellungen und lebensweltlichen Kontexte der Betroffenen ein, sondern dienen eher professionellen und institutionellen Reform-Interessen?

Lebensgeschichten werden zu Leidensgeschichten
Eine Untersuchung aus der ersten Hälfte der neunziger Jahre (HELLERICH 1995), die zum Ziel hatte herauszufinden, ob Psychiatrie-Erfahrene in Tagesstätten krankheitseinsichtig sind und, wenn ja, ob dem Lebens- und Sozialgeschichtlichen über das Biologistische der Psychiatrie hinaus eine gewisse Bedeutung zugeschrieben wird. Die Recherche beruhte auf qualitativen Interviews mit 15 Psychiatrie-Erfahrenen, die allesamt mit der Diagnose »Schizophrenie« etikettiert worden waren, zwischen drei und fünfzehn Klinikaufenthalte hinter sich hatten und, mit wenigen Ausnahmen des betreuten Wohnens, in einer eigenen Wohnung lebten. Sie waren entweder Sozialhilfeempfänger oder Frührentner. Im Gegensatz zu den oben genannten Studien waren die Ergebnisse unserer Untersuchung bezüglich der Krankheitseinsicht bei weitem nicht so eindeutig. Mehrere der Befragten lehnten den Krankheitsbegriff ab, eine überwiegende Mehrheit hielt am Krankheitsbegriff fest, jedoch entsprach ihre Bezeichnung »Krankheit« oft nicht der medizinischen Konstruktion von psychischer Erkrankung. Es wurden nicht selten lebensgeschichtliche Eigenheiten und Erlebnisse mit hineingenommen, die den Krankheitsbegriff vielfältig färbten.

Gefragt nach der Lebensgeschichte und Krankheit, war auffällig, dass bei allen Befragten Brüche bzw. Diskontinuitäten als signifikant für ihr Leben – quasi als Lebenswenden oder Wendepunkte – beurteilt wurden und dass von den meisten diese Lebensbrüche in eine direkte Beziehung zur »Krankheitsgeschichte« gestellt wurden. Für diese überwiegende Mehrheit war die Frage nach dem Lebensbruch viel bedeutungsvoller als die Frage nach einer Krankheit.

Unter denjenigen, die sich nicht als krank bezeichneten, waren zwei, die sich als verrückt oder irre betrachteten, um sich von dem medizinischen Kontext zu distanzieren; sie lehnten den Krankheitsbegriff ab, weil er aus Menschen hilfebedürftige medizinische Wesen macht. Ihr Weltbild war ein ganz anderes als das der Mehrheit der Bevölkerung. Sie waren gegen Berufskarriere, Entfremdung und Hierarchien eingestellt. Zwei weitere Befragte distanzierten sich von dem Begriff »Krankheit« und gebrauchten Begriffe wie »nervlich angespannt«, »mit den Nerven runter«, »überbelastet«. Eine Person verstand sich als depressiv und nicht als krank, wobei Depression, obwohl generell als Krankheitskategorie konzipiert, ihr nicht als solche erschien, sondern als Niedergeschlagenheit, Down-Gefühl, Energiearmut.

Diejenigen, die sich als krank kategorisierten, hörten Stimmen, halluzinierten, schliefen oft mehrere Tage und Nächte am Stück nicht und waren von Unruhe getrieben. Viele von ihnen hielten sich für nicht oder nur eingeschränkt arbeitsfähig oder sie hielten sich für wenig belastbar. Eine Frau drückte das Krankhafte als etwas, das von ihr Besitz ergreift, mit den Worten aus: »Es ist passiert.« Es kam zu einer Abspaltung des Körpers, der Körper trocknete aus und sie konnte ihn nicht mehr fühlen. Bei zwei Befragten verschmolzen körperliche Krankheiten (Epilepsie bzw. Zuckerkrankheit) mit seelischen Leiden.

Zwei, sich als krank bewertende, Betroffene erschienen uns denkwürdig mit ihren Aussagen: Der eine betonte, dass er zwar krank sei, sich aber nicht krank fühle. Wie aus dem weiteren Gespräch ersichtlich wurde, wurde er von der Umwelt als krank eingestuft, er selbst aber fühlte sich nicht als hilfebedürftig und daher nicht als krank. Interessant schien uns auch die Formulierung einer zweiten Betroffenen, die sich selbst als krank bezeichnete, jedoch großen Wert auf eine Binnendifferenzierung der Krankheit legte. Ihrer Meinung nach ist Krankheit nicht gleich Krankheit, denn es muss unterschieden werden zwischen Krankheit, die *von außen* her einer Person auferlegt wird, wenn sie »daneben liegt« oder »rausfällt«, und Krankheit »in Anführungszeichen« *im Inneren*, als subjektive Befindlichkeit, wenn sich die leidende Person in einem Zustand der Verzweiflung und Ausweglosigkeit befindet. Zum einen wird hier Krankheit als abweichendes Verhalten und zum anderen als subjektives Unwohlsein und Leiden konstruiert.

Uns fiel auf, dass keiner der Interviewpartner eine den anderen Befragten vergleichbare, identische Antwort gab. Die Äußerungen waren sehr subjektiv und vielfältig sowohl im Hinblick auf Krankheit als auch auf Nicht-Krankheit. Es scheint, als ob die lebensweltlichen Äußerungen der

Betroffenen viel differenzierter sind, als dies eine objektiv ausgerichtete wissenschaftliche Medizin zum Ausdruck bringen könnte, denn deren Aufgabe ist es natürlich gerade als Wissenschaft, überindividuelle Aussagen zu finden und begrifflich zu abstrahieren.

Auch im Hinblick auf die Möglichkeiten, einen Gegenbegriff zur medizinischen Konstruktion der Krankheit zu entwickeln, fand ein von einem Betroffenen konstruierter Begriff bei den Recherchierenden große Resonanz. Es war der Begriff »Lebensbruch«. In allen Lebensgeschichten wurden diese Brüche, manchmal sogar Zusammenbrüche deutlich, und die Mehrheit der Befragten hat die besonderen Lebensumstände und die Erkrankung in ein direktes Verhältnis gesetzt. Die Lebensbrüche reichten von familiären Krisen (Eltern-Kind-Beziehungskonflikte), Ehekrisen (Scheidungen, Partnerverlust), Leistungsproblemen (im Arbeitsbereich und Studium) bis hin zu den sich aus Arbeitslosigkeit ergebenden Lebens- und Alltagsproblemen.

Ein Beispiel, das unserer Meinung nach die dem Klinikaufenthalt vorausgehende soziale Problematik aufzeigt, ist Folgendes:

Für einen unserer Interviewten war ein klarer Bruch in seinem Leben zu verzeichnen, als er nach mehrjähriger Tätigkeit als Masseur seine Stelle verlor und arbeitslos wurde. Obwohl er schon als Kind unruhig war, führte diese Unruhe jedoch weder in der Schule noch am Arbeitsplatz zu Problemen, durch die Arbeitslosigkeit kam es jedoch zu enormen inneren Spannungen. Er konnte nicht lange still sitzen, konnte nachts kaum schlafen und rauchte ständig. Auch Klinikaufenthalte und die Medikamente Haldol und Neurocil, die er kontinuierlich einnahm, hatten keine Besserung bewirkt.

Drei unserer Befragten waren ehemalige Studenten, bei denen kurz vor dem Abschlussexamen ein Bruch festzustellen war. Sie waren erschöpft und »konnten einfach nicht mehr«. Häufig kamen noch andere – meist soziale – Probleme hinzu, wie etwa Kontakt- oder Beziehungsprobleme. Einer unserer Interviewpartner hatte Phasen von »Aussetzern« und »Schweben in einer anderen Welt«, »flippte aus«, einmal zerbrach er eine Fensterscheibe im Wohnhaus neben seiner Wohnung und ließ sich von den anrückenden Polizisten kaum bändigen. Statt ihn, wie die Polizisten es vorhatten, über Nacht in Polizeigewahrsam zu nehmen, brachten sie ihn durch das Eingreifen des Vaters in eine psychiatrische Klinik. Im Nachhinein wunderte sich der Befragte, woher sein Vater wissen wollte, dass er bei diesem ersten »Aussetzer« ein Fall für die Psychiatrie sein sollte.

Eine unserer kontaktierten Personen war Lehrerin; sie hatte sechs Jahre in der Grundschule und sechs Jahre in der Sonderschule gearbeitet, wo sich dann der Lebensbruch offenbarte. Es kam zu einem »extremen psychischen Ausnahmezustand«, den sie als »Notwehrmechanismus des Geistes und des Organismus« bezeichnete. Sie war »daneben« und wurde vom Amtsarzt als »dienstunfähig« eingestuft. Während einige ihrer Kollegen mit Hilfe von Medikamenten ihre Dienstfähigkeit aufrechterhielten, gelang es ihr nicht mehr, die tägliche Belastung in der Schule auszuhalten. Als sie dann dort »ausflippte« und von der Verwaltung die Polizei gerufen wurde, stieß sie zwei Polizisten um, mit der Begründung, dass sie Angstzustände hatte und der Meinung gewesen sei, »man greift nach mir«.

Bei mehreren der von uns befragten Psychiatrie-Erfahrenen stellte sich ein Bruch in ihrem Leben auf Grund von Partnerkonflikten ein. So erzählte uns eine dreißigjährige Frau, dass sie vor zwölf Jahren in eine Ausnahmesituation hineingeraten sei, als ihr Partner – ein amerikanischer Staatsbürger – sie und ihre zwei Kinder sitzen ließ und nach Amerika zurückging. Das war zu viel für sie; sie konnte es psychisch nicht verkraften. Ihre Liebesgeschichte wurde jäh unterbrochenen und zu einer Leidensgeschichte. Ihre verlorene Hoffnung, ihre Aussichtslosigkeit, ihre stockende Einbildungskraft, ihre Verzweiflung trieben sie in den Wahnsinn. Ihre zwei Kinder wurden schließlich von einer Pflegefamilie adoptiert.

Bei vielen unserer Interviewpartner stellte sich schon sehr früh ein Eltern-Kind-Konflikt heraus. Das wie brüchiges Eis wahrgenommene Alltagsleben ließ oft jegliche Geborgenheit im Leben vermissen. Einer unserer Befragten – das älteste von sieben Kindern und dazu »ungewollt« – erfuhr den Lebensbruch, als er 16 Jahre alt war und im Heim untergebracht wurde. Die identitätszerstörende Welt in der Familie wiederholte sich bald spiegelbildlich bei den Erzieherinnen in den verschiedenen Heimen. Seine Mutter hatte ihn nie umarmt und geküsst, sondern machte ihm ständig Vorwürfe, was im Heim seine Fortsetzung fand. Vom Heim kam er schließlich in die Psychiatrie. Er wollte mit dem Leben brechen und unternahm mehrere Suizidversuche. Inzwischen hat er sich einigermaßen stabilisiert und versucht seine Erfahrungen – innerhalb eines für ihn wesentlichen gesellschaftlichen Kontextes – aufzuarbeiten. Seine Lebensgeschichte lehrt ihn, dass die Familie eine inkompetente, überforderte soziale Zelle sein kann, die durch die bestehenden gesellschaftlichen Verhältnisse produziert wird und in seinem Fall pathogene Entwicklungen förderte.

Lebensbruch: Durchbruch oder Zusammenbruch?

D. Cooper, R.D. Laing, M. Foucault und G. Deleuze haben zeitweilig ein positives Bild vom Wahnsinn vermittelt, indem sie den Wahnsinn als Differenz und Anders-Sein betrachteten und nicht selten das wahnsinnige oder irre Leben als frei und kreativ bewerteten. Diese Vorstellung traf bei unserer Untersuchung allerdings nur auf eine Minderheit der Befragten zu, diese setzte den ihnen aufgezwungenen entfremdeten Lebensformen radikal andere Bedürfnisse, Vorstellungen und entnormalisiertes Verhalten entgegen. Sie drückten sich auch durch literarisch-künstlerische Produktivität aus. Bezeichnend ist außerdem, dass sie sich stark um Selbsthilfemöglichkeiten kümmerten.

Die Mehrheit der Befragten dachte nicht so. Sie hielt am Krankheitsbegriff fest, wenngleich er unterschiedlich interpretiert wurde. Es schien, als ob die vormals erlebten Alltagskrisen (Familienkrisen, Leistungskrisen etc.) so gewaltig auf die Interviewten wirkten, dass sie sich mit allen denkbaren und ihnen zur Verfügung stehenden Mitteln gegen einen erneuten möglichen Lebensbruch schützen wollten.

Einige Beispiele:

Einer der Befragten sagte uns: »Wenn ich meine Depot-Spritze nicht bekomme, könnte es mir wieder dreckig gehen.«

Eine Aussage eines durch seine Frau betrogenen und in eine Krise hineingeratenen Psychiatrie-Erfahrenen lautete wie folgt: »Ich habe eine gute Beziehung zu meinen Kindern, aber ich will nie und nimmer eine weitere Partnerbeziehung eingehen.«

Oder: Ein noch betreut Wohnender, befragt, ob er sich nicht eine eigene Wohnung suchen wolle, denn er sei ja nun stabil, antwortete: »Dies würde meine Kräfte überschreiten.«

Aus den Interviews ergab sich, dass die sich als Krisen im Alltag eines Menschen einstellenden Lebensbrüche weder pauschal als positiv noch als negativ zu bewerten sind. Zweifelsohne brauchten einerseits viele Krisen nicht zu sein, könnten auf Grund anderer gesellschaftlicher Verhältnisse, einer anderen Familienpolitik, eines bedürfnisorientierten Studiums oder nicht entfremdeter Arbeitsstrukturen minimiert werden. Manch eine Leidenssituation könnte mit Hilfe dieser Veränderungen behoben werden. Andererseits sind in wenigen Fällen Krisen und Lebensbrüche auch Zeichen einer Wende; sie beschleunigen nicht selten eine Entwicklung zu einem anderen Leben. So erzählte uns einer unserer Befragten, ein ehemaliger Student, der krisengeschüttelt sein Studium abbrach, dass er nach seiner Krise, die mehrere Psychiatrie-Aufenthalte zur Folge hatte, sich nun zu Sozialhilfe, freier Zeit und künstlerischem Schaffen entschlossen habe.

In der »normalen« Welt, in der Aufstieg und Karriere im Vordergrund stehen, ist dieser Lebensbruch sicher schwer verständlich.

Jede der befragten Personen hat ihre eigene, besondere, spezifische, individuelle Lebensgeschichte und damit verbunden ihren jeweiligen Lebensbruch. Medizinische Krankheitstheorien, um verallgemeinern zu können, subsumieren all die vielfältigen Lebensgeschichten und individuellen Lebenstexte. Dabei verschwindet das individuell Unterschiedliche im Allgemeinen. Die zur Medizin aufgestellte Gegenthese versucht zwar auch individuelle, in einem sozialen Kontext verwurzelte Lebens- und Leidensgeschichten mit Hilfe des Begriffes Lebensbruch zu generalisieren, doch das Differenzierende in den Erfahrungswelten bleibt trotz der Verallgemeinerung erhalten. Die einzigartigen Sozialgeschichten der Psychiatrie-Erfahrenen lassen Perspektivenpluralismus und Differenzbildung zu.

Wir haben erkennen müssen, dass es den Betroffenen bei ihrer Aneignung von Welt um mehr geht als um klare und eindeutige Begriffe und Kategorien und festgelegte Grenzen zwischen krank und gesund. Die Medizin zieht eine Grenze zu gewissen Fragen hin, d.h. geht auf bestimmte Fragen nicht ein, und die gerade sind oft entscheidend für die Betroffenen. Krankheit ist ein Begriff der Psychiater und für diese Berufsgruppe ist es auch wichtig, mittels empirischer Untersuchungen zu erforschen, ob die von ihnen behandelten Patienten krankheitseinsichtig sind. Denn diejenigen, die ein Krankheitsbewusstsein haben, arbeiten in der Behandlung eher mit (an den diversen Behandlungsschritten), d.h., ihre Behandlungsresistenz ist gering. Den Psychiatern liegt viel daran, kooperative, d.h. krankheitseinsichtige Patienten zu produzieren. Gewisse Modellprojekte, die in Patientenclubs die Krankheitseinsicht und Compliance bei Betroffenen durch eine gesellige Clubsituation verbessern wollen, gehen in diese Richtung (siehe etwa Rave-Schwank/Nagel-Schmitt 1993, S. 114 f.).

Postmodern gesehen, wenn die Hilfemöglichkeiten entgrenzt werden, d.h. aus einem bestimmten Berufsfeld herausgenommen werden, können vielfältige Perspektiven der Hilfe entwickelt werden. Allerdings besteht, und dies ist nicht zu verneinen, die Gefahr, dass durch die Fragmentierung der Gesellschaft keine Hilfe bei Lebensbrüchen gewährt wird und die Lebenskrisen an die psychosozialen Berufsgruppen delegiert werden.

Die postmoderne Ausformulierungen der Welt und der Menschen lässt offene und vieldeutige Interpretationen, kreative Denk-, Handlungs- und Hilfeperspektiven zu. Nun hängt es vom Einzelnen ab, ob er in seinem Leben – einem Leben mit anderen – die produktive Fürsorglichkeit initiiert und freisetzt. Das psychosoziale Selbsthilfeprojekt Nachtschwärmer, die »Brücke«, das Biotop Mosbach und viele Selbsthilfeexperimente mehr versuchen, diese produktive Fürsorglichkeit in Form von gegenseitiger Hilfe zu verwirklichen. Professionelle können – auch die Reformpsychiatrie zeigt bereits Ansätze dazu – Teil dieses Umdenkensprozesses werden, wenn die diversen Lebensgeschichten der Psychiatrie-Erfahrenen mit ihren jeweiligen Brüchen und die Hilfe zur Selbsthilfe für sie eine zentrale Größe werden.

Kapitel 7
Beziehungsgeflechte der Selbsthilfe mit dem professionellen System

Professionelle Sichtweisen auf Selbsthilfe

Seit der Existenz einer Selbsthilfekultur sind ständige Bemühungen um Kooperation zwischen dem professionellen System und den Selbsthilfegruppen festzustellen. Auf beiden Seiten finden sich Ängste und Unsicherheiten, aber auch positive, konstruktive Stimmungen. Dieses sensible Verhältnis zwischen Selbsthilfe und Professionellen soll im Folgenden betrachtet werden, wobei der, sich in der Postmoderne bei manch einem Professionellen zeigenden, Postprofessionalität und ihrer Unterstützung von Selbsthilfeaktivitäten im ersten Teil Priorität eingeräumt werden soll. Im zweiten, umfangreicheren Teil sollen dann von der Selbsthilfeperspektive aus die Professionellen kritisch gewürdigt werden. Es geht um die Zusammenarbeit mit Professionellen innerhalb der Selbsthilfegruppe und um die Zusammenarbeit aus der Selbsthilfegruppe heraus (zum Beispiel mit dem Sozialpsychiatrischen Dienst und mit der Klinik).

Postprofessionalität: Postmoderne und konstruktivistische Professionalität

Die Postmoderne ist kein neues Zeitalter, sondern stellt eine Auseinandersetzung mit den modernen Strukturen dar. Sie will sie zugleich aufbrechen und öffnen (siehe LYOTARD 1986; WELSCH 1988; KOSLOWSKI 1988; HUYSSEN/SCHERPE 1989). Für sie ist der berufliche Alltag bzw. die professionelle Rolle ständig zu hinterfragen, d.h., sie ist durch einen ständigen »Reflexionsfluss«, eine permanente »Interpretations- und Reinterpretationstätigkeit« (BEILBARZ 1992, S. 162) gekennzeichnet. Gemäß der Postmoderne gibt es auch kein sicheres Wissen, keine absoluten Wahrheiten – daher keine objektive Wahrheit der Bedürfnisse anderer Menschen. Postmodern gesehen kann der Mensch nie in seiner Totalität erschlossen werden, alles Wissen über die andere Person bleibt Stückwerk, was dazu führt, dass der Professionelle eher eine »therapeutische Position der Ungewissheit« (POZATEK 1994) einnimmt, als dass er alleingültige Aussagen über ihn machen kann. Dem postmodernen Denken liegen konstruktivistische Perspektiven zu Grunde, die besagen, dass das, was wir wahrnehmen und für objektiv gegeben halten, eine durch uns konstruierte Wirklichkeit ist, dass es also keine vom Beobachter unabhängige Wirklichkeit gibt. Eine solche von uns konstruierte Wirklichkeit ist zufällig (kontingent) »etwas, was weder notwendig ist noch unmöglich ist, ... [d.h.] auch anders möglich ist« (LUHMANN 1984, S. 152).

Eine solche vorsichtige, zurückhaltende Geisteshaltung hätte der Sozialarbeiter in dem Beispiel am Anfang des Buches einnehmen müssen, dann wären einige der eher schädigenden Strategien vermeidbar gewesen bzw. es hätte Platz für hilfreichere gegeben. Insbesondere hätte der Sozialarbeiter erkenntnistheoretische Strategien entwickeln sollen, die den psychiatrieerfahrenen Peter nicht zum Verhaltensobjekt degradiert, sondern ihn – etwa mit Hilfe von narrativen Interviews – zum Wissensquell über die Hintergründe seiner Krise und seiner Ressourcen gemacht hätten.

Im Mittelpunkt der Überlegungen des postmodernen Professionellen sollten seine jeweiligen Konstruktionen der Psychiatrie-Erfahrenen stehen. Er sollte sich Gedanken darüber machen, ob seine Konstruktionen die andere Person abwerten wollen und ihr somit die Chance verwehren, aus ihrer Krankheitsgeschichte herauszukommen, oder ob sie ihr Möglichkeiten geben, auf ihre Ressourcen einzugehen und diese zu entwickeln. Die tägliche Lebenswelt seines Klienten und seine Fördermöglichkeiten sollten in den Vordergrund rücken. Der Professionelle sollte sich Fragen stellen wie: Was bekümmert den Klienten? Welche Sorgen hat er? Was sind seine Probleme, seine Konflikte und seine Konfliktlösungsstrategien, seine Bedürfnisse, seine Fähigkeiten?

Für die Postmoderne ist der Klient Experte seiner Alltagswelt; er weiß besser als der Professionelle, welche Unterstützung er braucht, welche sozialen Hilfen für ihn sinnvoll sind. Hilfe als Unterstützung kann nicht lebensweltabstrakt oder betroffenenentfremdet eingesetzt werden, sondern sie muss auf den Bedürfnissen, Interessen und Vorstellungen des Klienten aufbauen. Um die subjektive Interessenlage des Betroffenen herauszufinden, müssen dessen Interpretationen und Perspektiven ernst genommen werden. Man muss sie anerkennen, sich mit ihnen auseinander setzen und kann sie nicht einfach als krankheitsbedingt, sinnlos und laienhaft abtun, denn der Postmoderne entsprechend ist alles denkbar und kein Gedanke ist so sinnlos, dass er nicht zu diskutieren wäre (FEYERABEND 1979).

Beim Menschen – auch beim hilfebedürftigen Menschen – ein Potenzial vorauszusetzen, impliziert, ihn nicht nur bei den jeweiligen individualisierten Behandlungsplänen zu konsultieren (wie in der psychosozialen Reformversorgung), sondern gerade ihn den »interpretativen Kontext bestimmen zu lassen« (PARDECK u.a. 1994). Das hätte in Peters Fall dazu geführt, Nutzerkontrolle sowohl bei der Problemdefinition als auch bei den Behandlungsmethoden oder einer etwaigen Behandlungsverweigerung sowie bei anderen Hilfeersuchen auszuüben. Eine Nutzerkontrolle hätte dem Fall mit hoher Wahrscheinlichkeit eine Richtungsänderung – eine Wende – gegeben und die jahrzehntelange psychiatrische Karriere Peters beendet.

Von der Expertenherrschaft zur Förderung von Selbsthilfe
Problematisch erscheint aus einer postmodernen Perspektive die moderne Professionalisierung und Expertenherrschaft. Immer mehr sozialkritische Analysen betonen, dass »von der Idee der Möglichkeit und erst recht von der Wünschbarkeit der noch vor Jahren allenthalben begrüßten Expertenprofessionalität für die Sozialarbeit Abschied genommen werden muss« (DEWE u.a. 1995, S. 143), denn Professionelle machen häufig etwas *für* die Klienten, was diese eigentlich selbst machen sollten und könnten. Durch die Experten tritt nicht selten eine Vergegensätzlichung zwischen Wissenschaft und Alltagswelt, Handeln und Behandeltwerden, Fremdhilfe und Eigenhilfe, zwischen Normalen und Abweichenden, Gesunden und Kranken auf. Diese Dichotomisierung bzw. Vergegensetzlichung errichtet in der Praxis Grenzen im Hinblick auf die Kommunikation und die Selbsthilfepotenziale der Klienten. Grenzen können nur dann überschritten werden, wenn man als Professioneller auf die Selbsthilfetätigkeiten der Betroffenen baut und auf das eigene Überflüssigmachen hinarbeitet (siehe BALKE/THIES 1991) – ganz im Gegensatz zu dem Sozialarbeiter in Peters Fall, der sich unentbehrlich gemacht hat.

Distanz zur eigenen Professionalität bzw. im weitergehenden Sinne Ent-Professionalisierung führt zu einer Aufwertung der Psychiatrie-Erfahrenen, indem ihnen ein Vermögen, ihre psychosozialen Probleme in die eigenen Hände zu nehmen und selbst zu lösen, zugeschrieben wird.

Die Unterstützung aus postmoderner Sicht geht von Stärken der Klienten aus auf denen aufgebaut werden sollte, denn Unterstützungsleistungen scheinen nur Sinn zu haben in Beziehung auf Eigenleistung des Unterstützenden, wobei eben die lebensweltlichen Ressourcen des Betroffenen so weit wie möglich genutzt werden sollten. Jeder Mensch hat irgendwelche Fähigkeiten und Möglichkeiten. Bei dem einen mögen sie vielleicht beschränkter sein als beim anderen. Diese Potenziale aber zu leugnen und nur noch Defizite bei den Klientinnen und Klienten wahrzunehmen zerstört jeglichen Selbsthilfegedanken.

Sollte es nicht das oberste Gebot der psychosozialen Versorgung sein, dem Klienten freies Handeln zuzugestehen, das ihm ermöglicht, er selbst zu sein? »Das Selbst-sein-Können ist die Grundmöglichkeit des Menschen und ihre Verwirklichung ist seine Aufgabe.« (BANGO 2001, S. 40)

Grenzen der Selbsthilfe

Wie nicht anders zu erwarten, sehen die Teilnehmerinnen und Teilnehmer von Selbsthilfegruppen ihre eigenen Tätigkeiten der Selbstrehabilitation als positiv und bewerten sie als äußerst gesundheitsfördernd. Aber auch Professionelle sind zum größten Teil dieser Meinung. »Sich selbst auf den seelischen Entwicklungsprozess einzulassen, um sich, sein Leben und seine Bedingungen angemessener wahrzunehmen und zu gestalten und um selbstbewusster, entscheidungsfreudiger und handlungsfähiger zu werden, lautet die zentrale Botschaft der Selbsthilfegruppen«, beschreibt M.L. Moeller die positiven Wirkungen von Selbsthilfegruppen (MOELLER 1996, S. 15).

Ähnlich denkt auch H. Petzold, wenn er davon ausgeht, dass Menschen in Selbsthilfegruppen Krankheit und Leiden gemeinsam entgegentreten auf der »Grundlage ihrer Fähigkeit, voneinander zu lernen und sich wechselseitig zu helfen, ... ihre Situation in gemeinsamer Bewusstseinsarbeit zu verstehen und dann auf der Basis eigener Ressourcen kooperierend und solidarisch zu verändern« (PETZOLD/SCHOBERT 1991, S. 222).

Von Professionellen wie auch von Menschen aus Selbsthilfegruppen wird gewürdigt, dass die gegenseitige Hilfe (»Selbsthilfe«) die einseitige Hilfe der Professionellen übertrifft, dass Selbsthilfe die Entfremdung zwischen Helfern und Hilfebedürftigen dadurch aufhebt, dass die Beteiligten sich miteinander auf gleicher Ebene befinden, dass die Selbsthilfe das Passive des Patientenseins in einem Prozess der Empowerments überwindet. Daneben existieren weitere positive salutogenetische (gesundheitsfördernde) Aspekte wie die Selbststärkung, die Beziehungserweiterung und allgemein die emotionale Unterstützung in der Selbsthilfe. Es bleibt aber die Frage, ob Psychiatrie-Erfahrene die Aufrechterhaltung der Selbsthilfe leisten können oder ob sie (ohne Professionelle) auf sich gestellt nicht überfordert sind. Immerhin sind sie von der Medizin als krank, gestört, defizitär – sprich: pathogen – klassifiziert worden: Ist daher ihre Selbsthilfefähigkeit nicht fragwürdig?

In den bereits im dritten Kapitel erwähnten Untersuchungen (HELLE-

RICH 1998) trauten sich zwar ungefähr zwei Drittel der befragten Psychiatrie-Erfahrenen Selbsthilfe zu, doch für nicht wenige bedeutete Selbsthilfe *individuelle* Selbsthilfe, etwa Tagebuchschreiben, Malen oder einen Freund bzw. eine Freundin haben. Nur etwa 40 Prozent der Befragten konnten sich Selbsthilfe in einer Gruppe vorstellen.

Eine gewisse Stabilität der Persönlichkeit Psychiatrie-Erfahrener ist Voraussetzung für effektive gegenseitige Hilfe. Dann allerdings können durchaus größere Aufgaben und Funktionen innerhalb der Selbsthilfegruppe wahrgenommen werden. Instabilere Personen können sich zwar in die Gruppe einbringen, doch bleibt es zunächst äußerst wichtig für eine effektive und kontinuierliche Arbeit in der Selbsthilfegruppe, sie nicht zu überfordern, weil eine Überforderung schwerwiegende Rückfälle, auch Rückschläge für die ganze Gruppe, zur Folge haben kann.

Von professioneller Seite aus scheint die Grenze der Fähigkeit zur Selbsthilfe Psychiatrie-Erfahrener noch enger gesehen zu werden als von Betroffenen selbst. In Gesprächen mit diversen Professionellen wurde deutlich, dass sie es als illusorisch betrachten, eine Selbsthilfegruppe Psychiatrie-Erfahrener ohne Professionelle aufzubauen und zu erhalten. Für sie ist das professionelle Element zugleich *die* stabilisierende und Kontinuität wahrende Säule. Ohne Professionelle bestünde ihrer Meinung nach die Gefahr eines Zusammenbruchs. Auch in der Zeitschrift *Selbsthilfegruppen-Nachrichten* werden immer noch Zweifel an den beratenden und diskursiven Fähigkeiten Psychiatrie-Erfahrener geäußert (KETTLER 1998, S. 74 ff.).

Die Professionellen aus Sicht der Psychiatrie-Erfahrenen

Entwicklungsphasen eines Selbsthilfeprojektes

Am Beispiel der Entwicklung des Projekts Nachtschwärmer lässt sich zeigen, wie Selbsthilfe heute, in einer postmodernen Zeit, verankert ist, sich selbst versteht und wie sie zur professionellen Hilfekultur steht.

In der Entwicklung des Projektes Nachtschwärmer lassen sich drei Phasen der Beziehungsgestaltung zu den professionellen Helfern nachzeichnen: die dialektische, antipsychiatrische Anfangsphase, die sich anschließende »disjunktive« Phase und schließlich die »konnektive« Phase. Bei professionell gesteuerten Selbsthilfegruppen ist dieses Beziehungsgeflecht zumeist vorgegeben und vorgeformt, denn Professionelle haben das jeweilige Projekt initiiert und verwalten es, während bei den Nachtschwärmern eine Beziehung zu den Professionellen erst hergestellt werden musste, da die Psychiatrie-Erfahrenen die Selbsthilfegruppe gegründet haben und sie der Bestimmungsfaktor für die Weiterentwicklung waren.

Das anfängliche dialektische Verhältnis

Der Begriff dialektisch umschreibt unvereinbare Positionen, die eine innere Gegensätzlichkeit beinhalten; in der Dialektik als philosophischer Methode werden in These und Antithese diese Gegensätze dargestellt und in der Synthese aufgelöst.

Die Entstehungsphase der Nachtschwärmer war sehr stark von einem dialektischen, antipsychiatrischen Bewusstsein geprägt. Eine sich dialektisch zur bestehenden psychiatrischen Versorgung verstehende Selbsthilfekultur will zunächst die herrschende Psychiatrie (These) abschaffen, denn sie wird als repressiv, d.h. auf Gewaltverhältnissen basierend, verurteilt. Ein solches Selbsthilfeprojekt (Antithese) wird sich also sowohl von der herrschenden Psychiatrie abheben als auch sich in permanenter Auseinandersetzung mit ihr weiterentwickeln.

Dieser Widerspruch, diese Auseinandersetzung manifestiert sich am ausdrucksstärksten in der so genannten Antipsychiatrie. Der Begriff Antipsychiatrie erreicht Ende der sechziger Jahre mit D. Coopers Buch *Psychiatrie und Anti-Psychiatrie* (1971 erstmals in Deutschland veröffentlicht) zum ersten Mal Popularität. Antipsychiatrie ist eine von kritischen Psychiatern ins Leben gerufene Bewegung; ein Protest, der alle in der traditionellen Psychiatrie vorherrschenden Konzeptionen und Praktiken in Frage stellt.

Diese im Widerspruch zur herrschenden institutionellen Psychiatrie entwickelten Konzepte und Tätigkeiten können die Identität von Selbsthilfe nur über das psychiatrische Anders-Sein erreichen; was bedeutet, dass es ohne Auseinandersetzung und Kampf mit der Psychiatrie-Kultur keine Selbsthilfekultur geben würde. Die Selbsthilfe ist der negierende Teil der vorherrschenden Institution Psychiatrie. Hier erfolgt die Selbstdefinition immer über den Gegensatz oder den Widerspruch. Man kann sich nur selbst stark machen, indem man die andere Seite – die institutionelle Psychiatrie – schwächt. »Ich gehe der Psychiatrie an den Kragen« oder »Ich tret' den Psychiater in die Eier« sind Beispiele für Aussagen, die gegen das Kontroll- und Gewaltsystem expandierender Psychiatrie und die pharmakologische Kapitalverwertung des Patienten gerichtet sind.

Die Gründer der Selbsthilfegruppe Nachtschwärmer waren in der Zeit der Entstehung auch dialektisch, antipsychiatrisch eingestellt, was sicherlich mit ihren eigenen jüngsten Erfahrungen in der Psychiatrie zu tun hatte. Einige der Teilnehmer waren schon mehrmals Insassen psychiatrischer Einrichtungen gewesen (etwa im Kloster Blankenburg bei Bremen, die erste in Deutschland aufgelöste Anstalt). Die Wut gegen die Psychiatrie saß tief und wurde weiter angefacht, als eine Anzahl Psychiatrie-Erfahrener mit der »Blauen Karawane« nach Italien fuhr, um dort eine neue, andere Psychiatrie kennen zu lernen und auf dem Rückweg traditionelle Anstalten in Deutschland besuchte. Aus der Verbitterung über die bundesdeutschen Verhältnisse der psychiatrischen Versorgung (die Bremer Klinik war noch vergleichsweise patientenfreundlich) sollte ein im Widerspruch zur herrschenden Psychiatrie sich ansiedelndes Projekt aufgebaut werden.

Doch allmählich – mit einer größeren Distanz zu ihrer Reise wie auch zu ihrer eigenen Psychiatrie-Geschichte – erkannten die Nachtschwärmer, dass es zermürbend und Kräfte verzehrend ist, die eigene Selbsthilfeidentität nur immer durch Auseinandersetzung, Widerspruch und Kampf zu schaffen. Allmählich entstand der Wunsch, nicht länger auf das Andere – das Entgegengesetzte, nämlich die Psychiatrie – zu schauen und sich als das zu formieren, was man im Gegensatz zu dieser nicht ist, sondern den Blick auf sich und die eigenen vielfältigen Möglichkeiten, auf eine eigene Selbsthilfeidentität zu richten.

Die disjunktive Phase

Begibt sich die Selbsthilfegruppe aus dem dialektischen Bewusstsein heraus, dann besinnt sie sich auf sich und *ihre Potenziale*. Sie braucht nicht länger das ihr Entgegengerichtete (das Andere), um ihre Identität aufzubauen, d.h. um sich selbst definieren zu können. An die Stelle der Verneinung tritt ein bejahendes Denken und Handeln, dessen Instrument die Disjunktion, die Absonderung, ist. Disjunktion impliziert, dass die neu formierte Gruppe sich loslöst vom Widerspruch zur institutionellen Psychiatrie und der ständigen Auseinandersetzung mit ihr; sie setzt stattdessen die ureigenen Gestaltungskräfte frei, die zur Erfindung von Tätigkeiten ohne psychiatrische Kategorien führen. Die Selbsthilfegruppe rückt von Begriffen wie Krankheit oder auch Nicht-Krankheit (der Verneinung von Krankheit) ab und stellt sich den vielfältigen alltagsweltlichen Bedürfnissen und Problemen, die die Betroffenen in die Gruppe hineintragen. So ist zum Beispiel die Vereinzelung insbesondere abends und nachts ein psychosoziales Phänomen vieler psychiatrisierter Personen und die Suche nach Kontakt ein wesentliches Bedürfnis.

Das disjunktive Selbstbewusstsein begibt sich aus dem System von Gegensatz, Widerspruch und Negation heraus, d.h., im Hinblick auf die psychiatrische Kategorie »Krankheit« führt sie nicht den Kampf gegen die Veränderung oder gar Aufhebung dieses Begriffes, sondern setzt das Differente, die gestreute Vielfalt außerhalb des psychiatrischen Denkens frei.

Ähnliches gilt für die psychiatrische Kategorie »Behandlung«. Hier wird nicht ein Kampf gegen die psychiatrischen Behandlungsstrategien, egal ob Medikation oder Beschäftigungstherapie, geführt, der endlos und zermürbend sein könnte und viele der Energien und Ressourcen der Selbsthilfemitglieder verzehren würde. Die Teilnehmer der Gruppen kümmern sich stattdessen um ihre Bedürfnisse und Interessen, zuweilen eben auch um Probleme. Was sind die anstehenden Probleme? Welche Tätigkeiten werden im jeweiligen Kontext verrichtet? Welche Wünsche werden von den Besuchern vorgetragen? Welche Ressourcen haben die Betroffenen?

Die Differenz zur Psychiatrie ist evident, wenn man die vielfältigen Anstrengungen künstlerischer, literarischer, kommunikativer Art in Betracht zieht – doch diese Handlungsfelder werden aus sich heraus und nicht im Widerspruch zur Psychiatrie entfaltet. Die in den Tätigkeiten zum Ausdruck kommenden Intensitäten sind Besonderheiten der im Selbsthilfeprojekt engagierten Teilnehmer – es ist ihr Innovations- und Gestaltungsfrohsinn, es ist ihre disjunktive Singularität. Wie andere Selbsthilfegruppen auch wurde das Projekt Nachtschwärmer sozial sinnvoll als Gegengewicht zu der durch gesellschaftliche Modernisierung hervorgerufenen Freisetzung des Individuums – seine Herauslösung aus historisch vorgegebenen Sozialformen und -bindungen (BECK 1986, S. 206) –, die im Lebensalltag der Psychiatrie-Erfahrenen als Vereinzelung und Vereinsamung erlebt wird. Mit Hilfe von »sozialen Solidaritäten« und der »Wiederherstellung von Gemeinsinn« (KARDORFF/OPPL 1989, S. 183) wurde diesem Trend entgegengewirkt.

Doch diese neue Solidarität entstand nicht dialektisch im Gegensatz zur Psychiatrie, sondern in der Disjunktion (Ablösung, Abwendung) von diesem Macht-, Wissens- und Ordnungssystem. Die Betroffenen nahmen ihre »Geschicke« selbst in die Hand und eigneten sich mehr Bereiche des Alltags an, die zuvor an die Expertenkultur abgetreten wurden. Sie ernannten sich zu Experten ihrer eigenen Rehabilitation. Sie brachen die »Fragmentierung« auf und schufen einen »geschützten Raum«, in dem Gruppenmitglieder, die über lange Zeit isoliert waren, soziale Kontakte aufnehmen und einüben konnten (KAMPEN/VOGT 1996, S. 203). Soziale Kompetenzen (MÜLLER 1981, S. 167 ff.) wie Reden und Zuhören, sich miteinander abstimmen und sich organisieren wurden erworben.

Die konnektive Öffnung

Während der noch nicht abgeschlossenen Disjunktion wurde bereits eine Art produktive Konnexion (Verflechtung, Verknüpfung, Verbindung) in die Wege geleitet – die dritte Phase vieler Selbsthilfeprojekte heute. Es stellte sich zunehmend als unmöglich heraus, die Nachtschwärmer finanziell aus sich heraus tragen zu können. Zudem schien es sinnvoll, über den eigenen engen Kreis und die eigenen eingeschränkten Möglichkeiten hinauszuschauen, auch um weitere Entwicklungsschritte machen zu können.

Um finanziell unterstützt zu werden, muss sich das Nachtschwärmer-Projekt nach außen hin legitimieren. Es muss demonstrieren, dass es bestimmte Dienste in der Region anbietet, die den Problemen und Bedürfnissen der Betroffenen entsprechen. Da die Psychiatrie in der psychosozialen, gemeindenahen Versorgung immer noch als der zentrale Bereich gilt, kommt die Selbsthilfegruppe bei der Beantragung von ABM- oder BSHG-9-Stellen oder der Beschaffung von Geldern für die Mietaufwendungen oft an der Bewertung und Begutachtung ihrer Tätigkeiten durch Sozialpsychiater nicht vorbei.

Neben der finanziell notwendigen Öffnung und Hinwendung zur Psychiatrie ergeben sich weitere Verbindungen zur gemeindenahen Psychiatrie auf Grund krisenspezifischer Erfordernisse, da natürlich eine kleine Selbsthilfegruppe nicht alle Krisen auffangen kann – dies sowohl in pragmatisch-quantitativem Sinn als auch hinsichtlich der Vielfalt der Krisenphänomene. Kontakte zu anderen psychosozialen Diensten sind unabdingbar. Da Bremen eines der fortschrittlichsten gemeindenahen psychosozialen Hilfesysteme Deutschlands besitzt, scheint die Vernetzung mit anderen Angebotsträgern nicht allzu problematisch zu sein. Auch eine Zusammenarbeit mit der in Bremen angesiedelten Angehörigengruppen und dem Landesverband Psychiatrie-Erfahrener erscheint bei der Entwicklung der Nachtschwärmer sinnvoll.

Für die weitere Entfaltung der Nachtschwärmer ist auch eine kulturelle Öffnung bedeutend. Die Selbsthilfegruppe lädt Kulturgruppen oder einzelne Künstler ein, oder einige der Nachtschwärmer besuchen als Gasthörer die eine oder andere Lehrveranstaltung der Hochschule Bremen, Kulturveranstaltungen der Stadt u.v.m. Einige haben sich auch dem Blaumeier-Atelier angeschlossen, um dort zu malen und Theater zu spielen.

Vom Widerspruch zur Zusammenarbeit

Für die Konzipierung einer Selbsthilfegruppe ist es offenbar zunächst wesentlich, dass eine starke Unzufriedenheit über die gegenwärtige Versorgung unter den Beteiligten herrscht: Bestimmte vitale Bedürfnisse werden nicht befriedigt, es existieren menschenunwürdige Bedingungen und die professionelle Versorgung lässt keinen Raum für Selbstbestimmung. Dieses Defizitempfinden – insbesondere bezüglich der klinischen Versorgung – hat bei vielen an der Gründung der Nachtschwärmer Beteiligten geradezu Widerstandskräfte und Gefühle der Aggression gegen die Expertenkultur der Klinik freigesetzt. Zum Teil wurden die Gefühle des Zorns, der Wut und der Entrüstung bei einigen der Gründungsmitglieder noch verstärkt (wie oben bereits erwähnt), nachdem sie bei ihrer Fahrt mit der Blauen Karawane zunächst in Italien eine neue Welt der Psychiatrie erfahren hatten und danach auf dem Rückweg die Psychiatrie-Anstalten in einigen Teilen Deutschlands kennen lernten.

Die aus der Dialektik der ersten Phase sich ergebenden aggressiven Kräfte bzw. Energien und die sich konstituierende Gemeinsamkeit waren die Basis für ein neues Denken und Handeln. Eine ständige Auseinandersetzung – ein Steckenbleiben im Widerspruch – hätte jedoch die freigesetzten Energien schnell verzehrt. Und so war es nur folgerichtig, dass in der disjunktiven Phase die Kräfte vom Widerspruch zur Psychiatrie losgelöst und auf die eigenen Möglichkeiten hin gerichtet wurden. Die Frage war nunmehr: »Was können wir tun?« Eigene Zielvorstellungen und Handlungsschritte bzw. -strategien wurden formuliert. Doch die Einrichtung eines beständigen, Kontinuität wahrenden Selbsthilfeprojektes, das keine Eintagsfliege sein will, bedarf der Disziplin und nicht selten der Selbstkontrolle. Eine Satzung zu schreiben und zu verabschieden, Programme zu konzipieren, Finanzierungen sicherzustellen, geeignete Räumlichkeiten zu finden, das fordert von jedem Einzelnen Geduld und Ausdauer.

Die Erfahrung mit den Nachtschwärmern hat uns gelehrt, dass es für jede psychosoziale Selbsthilfegruppe wichtig ist, sich auch nicht betroffenen Menschen zu öffnen und alle denkbaren Interessierten mit einzubeziehen. Gemeinsame Stärke kommt aus der Zusammenarbeit von Menschen mit und ohne Psychiatrie-Erfahrung, denn bei vielen Gruppen mögen die ursprünglich aus dem Widerspruch zur Psychiatrie resultierenden Gemeinsamkeiten und Energien allmählich verloren gehen. Auch bei den Nachtschwärmern ging die während der Planungsphase vorhandene Begeisterung zurück, als es immer mehr um konkrete Aufgaben und Disziplin forderndes weiteres Vorgehen ging. Von ursprünglich dreißig Personen blieben nach mehreren Monaten nur noch einige wenige übrig.

In dieser kritischen Phase der ständigen Verkleinerung der Gruppe stießen Interessierte der Hochschule dazu, die neue Energie in die Kleingruppe brachten. Wichtig war von vornherein, dass die Selbsthilfegruppe Psychiatrie-Erfahrener nicht kolonisiert oder vereinnahmt werden sollte. Es sollte eine Selbsthilfe der Psychiatrie-Betroffenen sein und bleiben. Die Zusammenarbeit funktionierte zur Zufriedenheit aller Beteiligten vortrefflich. Da es an der Hochschule im Fachbereich Sozialwesen selbst mehrere Menschen mit Psychiatrie-Erfahrung gab und gibt, die auch Interesse an Selbsthilfe zeigten, wurde die Brücke zu den Nachtschwärmern ohne Schwierigkeiten geschlagen. Das disjunktive Selbsthilfebewusstsein war von Erfolg gekrönt, weil es keine inneren Widersprüche gab, die die Reste an Energien leicht hätten verzehren können. Die Eröffnung der Nachtschwärmer ist ein Erfolg der intensiven Zusammenarbeit der Menschen mit und ohne Psychiatrie-Erfahrung, wobei die einen den anderen unterstützend zur Seite traten.

Das psychosoziale Selbsthilfeprojekt Nachtschwärmer lehrt uns auch, dass Selbsthilfe sich nach außen hin öffnen muss. Nachdem die inneren Strukturen eine solide Grundlage bekamen, konnten sich die Teilnehmer und Teilnehmerinnen des Nachtschwärmer-Projektes nun nach außen bewegen, Außenwirkungen erzielen und somit Teil einer größeren Bewegung werden, was zur Gesundung der einzelnen Mitglieder und der Gruppe als solcher beigetragen hat.

Die drei Entwicklungsschritte des Dialektischen, des Disjunktiven und des Konnektiven – von uns Dreiphasenmodell genannt – lassen sich ohne weiteres generalisieren und das Nachtschwärmer-Projekt könnte ein Paradebeispiel einer gesunden und effektiven Entwicklung einer Selbsthilfegruppe aufzeigen, die eine Begegnung von Psychiatrie und Nicht-Psychiatrie ermöglicht und Selbstgestaltungsmöglichkeiten freisetzt.

Das Dreiphasenmodell der Nachtschwärmer hat Ähnlichkeit mit dem von Petzold entwickelten Vierphasenmodell: 1. Initiierungsphase, 2. Anlauf- und Begleitungsphase, 3. Funktionsphase und 4. Transfer- oder Seminationsphase (PETZOLD/SCHOBERT 1991, S. 235). Bei S. Petzold fehlt die erste Phase der Nachtschwärmer, die die treibende emotionale Kraft in der Konstituierung von Selbsthilfegruppen ist. Die Phasen 1–3 entsprechen der disjunktiven Phase der Nachtschwärmer mit dem Unterschied, dass bei den Nachtschwärmern die Professionellen bei der Initiierung und Realisierung dieser Selbsthilfegruppe keine Hand im Spiel hatten. Phase 4 entspricht in etwa der konnektiven Phase der Nachtschwärmer: Die Gruppe ist kräftig genug, um Initiativen ins Außenfeld zu tragen.

So bleibt am Ende nur zu hoffen, dass der möglichen gesunden Entwicklung gegenwärtiger und zukünftiger psychosozialer Selbsthilfegruppen nicht vom professionellen System widersprochen wird, indem sie die Selbsthilfegruppe als laienhaft, dilettantisch und fragwürdig betrachten. Es scheint jedoch für Professionelle immer schwieriger zu werden gegen stabil und effizient wirkende Selbsthilfegruppen vorzugehen, zumal ein großer Bedarf an bestimmten Selbsthilfegruppen vorhanden ist, insbesondere an Nachtstätten, da die professionelle psychosoziale Versorgung die bestehende Lücke bislang nicht schließen konnte.

Die Zusammenarbeit Psychiatrie-Erfahrener mit Professionellen kann sehr gut sein, wie dies die bisherige kurze Geschichte der Nachtschwärmer bezeugt. Die Professionellen ließen sich in ihre *Auxiliarrolle* (also lediglich unterstützend zu sein) einbinden, sie regten die einzelnen Mitglieder und die Gruppe an und waren unterstützend tätig, wo immer dies gewünscht wurde. Im Gegensatz zu den professionell gesteuerten Selbsthilfegruppen, wie Biotop Mosbach oder »Die Brücke«, bei denen das professionelle Verhältnis zu den Psychiatrie-Erfahrenen von vornherein gegeben war, musste bei den Nachtschwärmern diese Beziehungsstruktur zwischen Selbsthilfe und Professionellen immer wieder, insbesondere bei Neueinstellungen, hergestellt werden.

Beziehungen zwischen Selbsthilfe und professionellem System
Selbsthilfegruppen wünschen sich generell, von Professionellen in ihrer Arbeit ernster genommen zu werden. Es ist zumTeil schon positiv, wenn der Gruppe Aufmerksamkeit geschenkt wird oder sie mit Interesse zur Kenntnis genommen wird, sei es, dass Professionelle sich Informationen über die Selbsthilfe einholen, Gespräche über ihre Arbeit führen oder dass Presseberichte über dasWesen der Gruppe erscheinen. Anerkennend und ein Ansporn für ihre Arbeit ist es, wenn professionelle Systeme Besuche bei der Selbsthilfegruppe empfehlen, wie etwa der Kriseninterventionsdienst, der sozialpsychiatrische Dienst, die Klinik – entweder aus Gründen der Kontaktaufnahme (Überwindung der Vereinzelungsprobleme) oder der Stabilisierung Psychiatrie-Erfahrener. Der Prozentsatz der professionellen Befürworter von psychosozialen Selbsthilfegruppen ist in den letzten Jahren angestiegen, weil professionelle Systeme sich von Selbsthilfeeinrichtungen sowohl eine Einsparung wie auch eine Entlastung versprechen.

Es gibt aber immer noch viele Professionelle, die Zweifel an der Wirksamkeit der Selbsthilfegruppen hegen, vielleicht weil sie fürchten, dass ihre eigene professionelle Autorität und Würde in Mitleidenschaft gezogen werden könnte oder dass Machtverlust entstehen könnte, und weil sie ihre eigene Rolle reflektieren und neu definieren müssten.

Auf Seiten der Psychiatrie-Erfahrenen ist es wichtig, den Sinn ihrer Arbeit zu erkennen und selbst hinreichend zu würdigen, aber auch die Grenzen ihrer Arbeit wahrzunehmen. Dies wiederum impliziert eine gewisse Öffnung der psychosozialen Selbsthilfegruppe nach außen, zu den Professionellen hin. Die historischen Begebenheiten psychiatrischer Gewalt, die einige der Betroffenen in Form der Zwangsunterbringung und -medikation am eigenen Leib erfahren haben, führen immer noch zu einer verständlichen »Antithese zwischen den Konzeptionen der Selbsthilfe und den tragenden Ideen des professionellen Versorgungssystems. Diese Antithese ist besonders dann stark, wenn das System sich einer zunehmenden Spezialisierung und einem wachsenden Professionalismus unterwirft.« (EMERICK 1990, S. 401) Diese historisch gewachsene Antithese hat zur Folge, dass immer noch ungefähr zwei von fünf Psychiatrie-Erfahrenen antiprofessionelle Haltungen einnehmen (ebd., S. 403). Bei vielen Psychiatrie-Betroffenen hat sich auf Grund ihrer Erfahrungen ein Negativ- bzw. Feindbild zur Klinik herausgebildet und es ist enorm schwierig Öffnungen der Selbsthilfegruppe zur klinischen Versorgung zu entwickeln, und das obwohl sich inzwischen die Strukturen verändert haben. Das neue Motto »ambulant vor stationär« oder die Regionalisierung psychosozialer Dienste lässt einen bestimmten Wandel auch in der Haltung des psychiatrischen Personals erkennen (»Personzentrierung«).

Aus den obigen Diskussionen ist ersichtlich, dass Selbsthilfetätigkeiten nicht professionelle Dienste ersetzen sollen, sondern sie bieten unterschiedliche Rehabilitationsmöglichkeiten für unterschiedliche Personenkreise an. Es erscheint jedoch höchst problematisch, Selbsthilfe nur als »Ergänzung« zum psychosozialen Versorgungssystem zu betrachten (siehe dazu WATKINS/CALLICUTT 1997, S. 156 ff.). Eine solche Unterordnung würde der Selbsthilfe im Vergleich zum psychosozialen Versorgungssystem nur eine zweit- oder nachrangige Bedeutung zugestehen – was wiederum eine Abwertung der Tätigkeiten der Selbsthilfe wäre. Selbsthilfe muss integrierter Bestandteil der bestehenden psychosozialen, gemeindenahen Dienste werden. Auf diese Weise kann sie ein tragender Bestandteil psychosozialer Gesundung werden und eine Aufwertung erfahren.

Vielfältiges Engagement Freiwilliger

Es mag vielleicht banal klingen, aber von Mitgliedern von Selbsthilfegruppen ist immer wieder zu hören, dass es ohne die Unterstützung von zusätzlichen Freiwilligen keine Selbsthilfegruppen geben würde. Da gibt es so viele Dienste, die verrichtet werden müssen, um die Gruppe am Leben zu erhalten, dass ein Ausfall freiwilliger Kräfte von den Betroffenen nicht verschmerzt werden könnte und die Gruppe sich wahrscheinlich früher oder später auflösen würde. Die vielfältige Freiwilligenarbeit in der Selbsthilfegruppe Nachtschwärmer soll deren spezifische Tätigkeiten veranschaulichen und dabei die in der geschichtlichen Entwicklung unterschiedlichen Erfordernisse an eine Selbsthilfegruppe deutlich machen.

Bei den Nachtschwärmern lassen sich drei Phasen beschreiben. Die erste Phase umfasst den Zeitraum des Aufbaus, die zweite Phase den der Eröffnung bis zur Gewährung einiger ABM-Stellen, die dritte ist die gegenwärtige Entwicklungsphase. Alle drei lassen sich durch jeweilig unterschiedliche Anforderungen an Freiwillige charakterisieren. Dabei sollen die in den drei Phasen jeweilig spezifischen Dienste, die Motivationen und Erwartungen der Freiwilligen sowie das Besondere, sich von Diensten des Staates und des freien Marktes Unterscheidende der Freiwilligenarbeit erörtert werden. Andere Selbsthilfegruppen, von der »Brücke« bis zum Biotop Mosbach, sind in ähnlicher Weise von freiwilligen Engagements abhängig, so dass das, was für die Nachtschwärmer gilt, auch auf andere Gruppen übertragbar ist. So hatte die Soteria in Kalifornien während ihres zwölfjährigen Bestehens Hunderte von Freiwilligen (MOSHER/HENDRIX 1994).

Erste Phase: Freiwillige bei Initiierung und Aufbau
Die Psychiatrie-Enquete konstatierte 1975 bei der Veröffentlichung ihrer umfangreichen Arbeit über die damalige psychosoziale Versorgung und über deren Neustrukturierung, dass sich eine deutliche Versorgungslücke zwischen den stationären und den ambulanten Diensten zeige. In der Empfehlung der Expertenkommission von 1988 wurde nochmals Wert darauf gelegt, dem aus der Klinik entlassenen Patienten durch bestimmte Angebote zu helfen, den evidenten Bruch zwischen seiner Entlassung aus einer völlig durchstrukturierten Klinikwelt und seinem unstrukturierten und unorganisierten Alltagsleben außerhalb der Klinik durch ambulante, tagesstrukturierende Dienste zu überbrücken. Die Tagesstätte sollte dem Psychiatrie-Erfahrenen den größten Teil des Tages durch institutionelle und organisierte Angebote Rückhalt geben. Der Impuls, darüber hinaus eine Selbsthilfegruppe zu initiieren, resultierte aus der Einsicht, dass neben der Tagesstätte eben so etwas wie eine »Nachtstätte« fehlt.

Diese staatlich nicht erkannte Versorgungslücke war der Grund für einige Psychiatrie-Erfahrene, sich zusammenzutun und über Möglichkeiten, dieses Defizit zu beheben, nachzudenken. Alles geschah auf freiwilliger Basis und die Gruppe traf sich zumeist einmal in der Woche. Die Begeisterung war groß und es herrschte ein vitaler Elan in der Gruppe, etwas aufzubauen. Man kann auf Grund der Nachtschwärmer-Erfahrung festhalten, dass es eine Selbsthilfegruppe nur geben kann, wenn die *Bereitwilligkeit* und *Motivation* der Betroffenen vorhanden sind. Sicherlich ist aller Anfang schwer und es muss eine primäre Motivation aus der Sache her bestehen, da die sekundäre Motivation einer finanziellen Honorierung zumeist fehlt.

Ein zweiter, für den Aufbau einer Selbsthilfegruppe wesentlicher Aspekt ist der *Zeitfaktor*. Zumeist haben die Psychiatrie-Erfahrenen viel Zeit, sich für eine Selbsthilfegruppe zu engagieren, denn die meisten sind arbeitslos, Frührentner oder nur teilzeitbeschäftigt.

Drittens ist es wichtig, dass die vielen, oft unterschiedlichen Potenziale Psychiatrie-Erfahrener konsensfähig werden. Bei den Nachtschwärmern entstanden sehr lange Diskussionen über das Wie des Aufbaus der Selbsthilfegruppe, während über das Was größtenteils Übereinstimmung herrschte. Eines allerdings war bei den strategischen Überlegungen sicher: Die fast ausnahmslos »von der Hand in den Mund« lebenden Psychiatrie-Erfahrenen verfügen nicht über das notwendige Geld für den Aufbau einer solchen Stätte. Schließlich setzte sich eine Position durch, einen gemeinnützigen Verein zu gründen – um spendenfähig zu sein. Um diesen Status zugesprochen zu bekommen, musste eine entsprechende Satzung entworfen werden. Die Erarbeitung der Satzung erstreckte sich über mehrere Monate und war für viele Psychiatrie-Erfahrene, juristisch nicht versiert, eher abschreckend. So blieben immer mehr Personen fern.

Häufig tut sich bei der Gründung von Selbsthilfegruppen eine Kluft zwischen einer faszinierenden Idee und deren Verwirklichung auf. Dieser Prozess bedarf neben gegenseitiger Ermutigung zum Durchhalten auch einer gewissen Disziplin.

Sinnvoll erscheint es viertens, dass zur Konsolidierung und Stabilisierung der Selbsthilfegruppe interessierte Freiwillige von außen dazustoßen und wieder neue Impulse, Energien und Anregungen in die Gruppe hineintragen. Das war jedenfalls bei den Nachtschwärmern so und es half der Gruppe. Insbesondere die hinzukommenden Studentinnen und Studenten mit ihrer großen Freude daran, ihr Wissen auch praktisch umzusetzen bzw. mit Erfahrungen anzureichern, war sehr hilfreich für den Gruppenprozess. Zusätzlich wurde versucht, jedes Semester eine Lehrveranstaltung an der Hochschule durchzuführen, die sich mit der Thematik »Selbsthilfe in der psychosozialen Versorgung« auseinander setzte. Dazu wurden Psychiatrie-Erfahrene und andere Interessierte eingeladen. In den Lehrveranstaltungen wurden die für eine Selbsthilfegruppe wesentlichen und wirksamen Aspekte diskutiert. Die produktiven Ergebnisse der Lehrveranstaltungen flossen in die Planungsgruppe der Nachtschwärmer ein.

Zweite Phase: Nach der Eröffnung

Ist es in der Aufbauphase eines Projekts die Aufgabe einer Selbsthilfegruppe, alles Menschenmögliche zu unternehmen, dass es eröffnet werden kann, so liegt der Schwerpunkt in der Folge auf den anstehenden Diensten bzw. Angeboten. Vor der bevorstehenden Eröffnung herrscht oft helle Begeisterung für die Sache und jeder will mitmachen und Dienste übernehmen. So verlief es auch bei den Nachtschwärmern. Es herrschte Konsens, dass mindestens zwei, besser drei Personen pro Abend bzw. Nacht vor Ort sein sollten, falls es zu irgendwelchen Krisen kommen sollte. Alles begann mit zwei Nächten pro Woche, sogar am Weihnachtstag ließen sich Personen für die Dienste finden. Die meisten führten ihre Aufgaben gewissenhaft aus, doch es gab auch einige, denen die nächtlichen Dienste zu viel wurden, weil sie ihrem bisherigen Zeitrhythmus widerstrebten.

Wie bei den Nachtschwärmern, so läuft es in vielen Selbsthilfegruppen schließlich darauf hinaus, dass doch Personalkosten beantragt werden, vorrangig in Form von ABM-Stellen.

Dritte Phase: Kein Ende der Freiwilligenarbeit

In dieser dritten Phase waren die Freiwilligen bei den Nachtschwärmern genauso unentbehrlich wie in den Phasen zuvor. Sieben Punkte lassen sich festhalten:

- Erstens mussten zusammen mit dem Arbeitsamt Abrechnungen (Steuer, Sozialabgaben) für die Dienstleistenden durchgeführt werden und die Zahl der abgeleisteten Stunden musste genauestens festgehalten und überprüft werden.
- Zweitens mussten im Folgejahr neue Anträge auf Finanzierung der Arbeitsstellen oder, falls die Personen unter den schwierigen Nachtschichten weiterarbeiten wollten, Anträge auf Verlängerung gestellt werden.
- Drittens mussten die Einnahmen (Spenden, Mitgliedsbeiträge, Kaffee- und Essenseinnahmen etc.) verwaltet und Bescheinigungen ausgestellt werden.
- Viertens musste weiterhin dafür Sorge getragen werden, dass die Finanzierung sichergestellt wird.
- Fünftens musste die Öffentlichkeitsarbeit weiter vorangetrieben werden, damit die Gruppe im Stadtteil und in der weiteren Umgebung Wurzeln schlug.
- Sechstens musste die Nachtstätte als gemeinnützig anerkannter Verein von einem Vorstand vertreten werden. Diese Vorstandsarbeit sollte von mindestens zwei Personen geleistet werden.
- Siebtens durfte die Nachtstätte nicht statisch sein, sondern musste sich ständig weiterentwickeln. Spezielle, sich in einzelnen Gruppen niederschlagende Interessen und Bedürfnisse waren dazu geeignet, die Basis der Nachtschwärmer zu erweitern. So konstituierten sich zumeist auf der Basis von Initiativen Freiwilliger allmählich neue und zusätzliche Gruppen.

Zusammenfassend kann also festgehalten werden, dass die Zukunft von Selbsthilfe ohne freiwillige Engagements kaum möglich sein wird. Sie sind das Rückgrat einer stabilen Entwicklung. Freiwillige bringen ihre Bereitwilligkeit ein, ihre Zeit, ihre Potenziale und ihre Energie.

Diverse Motivierungs- und Erwartungsgründe für Freiwilligenarbeit
Mit A. Greiwe lässt sich festhalten, dass »Pluralisierung und Differenzierung« (GREIWE 1998, S. 58) charakteristisch sind für Selbsthilfe. Auch bei den freiwillig tätigen Mitarbeitern der Nachtschwärmer war festzustellen, dass sich ein buntes Gemisch von Personen mit unterschiedlichen Herkünften, Stellungen, Interessen und Qualifikationen einfand. Alle waren in der einen oder anderen Weise von der Psychiatrie »betroffen«, einige direkt auf Grund ihrer eigenen Psychiatrie-Geschichte oder der eines Angehörigen. Oder aber sie waren sonstwie von der Psychiatrie angesprochen. Drei in Bezug auf ihr Interesse in sich ziemlich homogene Gruppen lassen sich abgrenzen: zum einen die Gruppe der Psychiatrie-Erfahrenen, die einfach eine Stätte haben wollten, die es ihnen ermöglichte, bei eventuell auftretenden Krisen eine klinikvermeidende Auffangmöglichkeit zu haben sowie aus ihrer Isoliertheit herauszukommen und mit anderen zusammen etwas unternehmen zu können. Zum anderen fand sich die Gruppe der Studierenden, die endlich ihre Bedürfnisse nach Praxis, nach einer sinnvollen praktischen Arbeit befriedigte. Recht homogen war zudem die Gruppe der Angehörigen, die um ihre Söhne, Töchter, Brüder und Schwestern besorgt waren und, wie die Psychiatrie-Erfahrenen selbst, darauf ausgerichtet waren, einen Klinikaufenthalt für die ihnen Nahestehenden zu verhindern.

Für den Fortbestand jeder Selbsthilfegruppe scheint mir wichtig zu sein, dass es immer verschiedenste Fähigkeiten und Potenziale gibt, die eingebracht werden können, denn eine effektive Gruppenentwicklung muss auf sehr viele Anforderungen prompt und geschickt reagieren können, wenn sie sich nicht verlieren will.

Freiwilligenhilfe – eine andere Art von Diensten
Im Bereich der staatlichen psychosozialen Versorgung existiert zwar die Tagesstätte, nicht aber eine »Nachtstätte«. Hier besteht eine ernst zu nehmende Lücke, die etwa die Nachtschwärmer durch ihre freiwilligen Dienste zu schließen versuchen. Sie stehen daher ganz im Dienste der Tradition der Freiwilligenhilfe. »Freiwilligendienste müssen jene gesellschaftlichen Aufgaben und Herausforderungen aufspüren und suchen, die noch niemand professionell, institutionell und marktförmig bearbeitet und im Griff

hat ... Freiwilligendienste müssen sich immer dann und dort in Szene setzen ..., wo Freiwilligkeit und persönliches Engagement als vorauseilendes, sozusagen avantgardistisches Handeln noch Sinn macht, deshalb motiviert und Bereitschaft auslöst und somit auch eine attraktive, exklusive Funktion hat.« (RAUSCHENBACH 1992, S. 274) Zugleich ist das freiwillige Engagement ein »Kosten sparender Notnagel für die Lücken, die durch Kürzungen im Sozial- und Gesundheitssystem entstanden sind und voraussichtlich weiter entstehen werden« (ALTGELD/SCHULTEROBBEN 1998, S. 62).

Selbsthilfegruppen wie die Nachtschwärmer, das Weglaufhaus und andere sparen nicht nur Kosten ein, weil sie ehrenamtlich eine Einrichtung ins Leben gerufen haben, die exklusive Dienste anbietet, vielmehr sind ihre Angebote auch präventiv in dem Sinn, dass sie nicht selten teure Klinikeinweisungen verhindern können. So wird die Freiwilligenarbeit in wirtschaftlichen Krisenzeiten zur »Lückenarbeit« und von staatlicher Seite aus zu einer »wiederentdeckten Ressource« (WESSELS 1994, S. 34) hochstilisiert, denn die Freiwilligen investieren sehr viel Zeit (bei den Nachtschwärmern sind es ca. zehn Personen mit je etwa 1000 Stunden jährlich), Energie und Fähigkeiten in die für die Gruppe wichtigen und im Rahmen von ABM-Stellen nicht zu leistenden Dienste.

Was die freiwilligen Dienste selbst betrifft, so unterscheiden sie sich gravierend von den Arbeitsbedingungen und -verhältnissen der Arbeitgeber des Staates und des freien Marktes. Hier konstituiert sich freiwilliges Engagement in einem relativ rechtsfreien Raum, d.h., die freiwilligen Dienste sind rechtlich nicht abgesichert; die Mitarbeiter haben keinen Vertrag.

»Menschen, die sich nicht vertraglich gebunden haben, wollen nach eigener Disposition arbeiten, und sie beanspruchen einen Spielraum für eigene Definitionen.« (CZYTRICH 1997, S. 49) Sie wollen keine Dienste wahrnehmen, die entfremdend, unterdrückend, vereinnahmend oder überfordernd sind. Sie wollen sich ihre Tätigkeiten selbst aussuchen, sie selbst bestimmen, individuell ausgestalten und den zeitlichen Rahmen ihrer Dienste selbst festlegen. Sie haben »immaterielle Rückerstattungserwartungen« (NÖRBER/STURZENHECKER 1999, S. 55); sie wünschen sich eine ideelle Belohnung wie Anerkennung, Wertschätzung, Erfolgserlebnisse und Selbstbestätigung. Sie wollen nicht dem kapitalistischen Prinzip der Konkurrenz unterliegen, sondern verlangen für ihren Einsatz solidarische Denk- und Verhaltensweisen sowie »gleichberechtigte und fantasievolle Kommunikation und Kooperation« (BARTJES 1995, S. 18). Der Dienst soll Freude bereiten und einem Bedürfnis entsprechen, was unter kapitalistischen Konkurrenzbedingungen kaum möglich ist.

Die Freiwilligen nehmen in ihrer Wahl und der Definition ihrer Dienste bereits eine andere Kulturform vorweg, die auf dem Prinzip der Freiheit und Selbstgestaltung aufbaut und grenzüberschreitend ist.

Kapitel 8
Kultur- und gesundheitsfördernde Aspekte
der Selbsthilfe

Selbsthilfe-Kultur versus Psychiatrie-Kultur

Das Wesen der Psychiatrie-Kultur

Die klassische psychiatrische Verwahrkultur ist gegenwärtig in den westlichen Industriegesellschaften kaum mehr anzutreffen. Es widerspricht dem Geist der Psychiatriereform Patienten über den für die Behandlung notwendigen Zeitraum in der Klinik zu behalten (Enquete 1975), denn ihre Zielsetzung ist es, die Patienten schnellstmöglich aus der Klinik zu entlassen und sie wieder in die Gesellschaft zu integrieren. Die Patientinnen und Patienten werden nunmehr nicht mehr verwahrt, dennoch kehren sie häufiger und oft regelmäßig in die psychiatrische Versorgungsstätte zurück. Bis zu zehn Klinikaufenthalte in fünf Jahren sind keine Seltenheit, so dass viele Psychiatrie-Erfahrene einen Großteil ihres Lebens auf Psychiatrie-Stationen verbringen. Dort machen sie alltägliche Erfahrungen mit der Psychiatrie-Kultur. Einige nennen sie Anstaltskultur und unterscheiden sie von der Kultur in der Gemeinde (siehe SCHÄDLE 1991). Da aber doch immer wieder Psychiatrie-Erfahrene entweder durch Selbstmeldung oder durch Zwangseinweisung die Klinikkultur erfahren, soll dieser Aspekt der psychiatrischen Kultur auch berücksichtigt werden.

Kultur wird zumeist definiert als eine Art des menschlichen Zusammenlebens, d.h., Kultur ist, wie Menschen leben, sprechen, essen, lieben, miteinander umgehen, tätig sind etc. – Kultur ist eine Lebensform (HOFFMANN 1990). In der Psychiatrie-Kultur der Klinik ist die gängige Umgangsweise des psychiatrischen Personals mit den Patienten meist die, dass Letztere als krank und gestört – als Menschen mit Defiziten – betrachtet werden. Ihnen wird unterstellt, dass sie, auf sich gestellt und auf sich zurückgeworfen, kaum etwas entwerfen und entwickeln können, weil ihnen als Kranke und Behandlungsbedürftige etwas fehlt, das es ihnen ermöglicht, selbst etwas in die Hand zu nehmen und auszuführen. Sie bedürfen der Betreuung und Behandlung durch das geschulte und erfahrene Personal. Diese Perspektive hat eine hierarchische Kultur zur Folge, in der das betreuende und behandelnde psychiatrische Personal die Lebens-, Umgangs-, Kommunikations-, Sprech- und andere Alltagsformen festlegt und die Kranken sich diesen Kulturformen unterwerfen müssen. In der Patientenkultur der Klinik wird etwas *für* den Patienten gemacht.

In den der Klinik folgenden komplementären Einrichtungen wie Heimen, betreutes Wohnen, Tagesstätten oder anderen ambulanten psychosozialen Diensten wird versucht, hierarchische Macht-, Wissens- und Ordnungssysteme abzubauen. Die dort tätigen psychosozialen Mitarbeiter und Mitarbeiterinn bemühen sich redlich, einer anstaltsförmigen vergegensätzlichten Kultur des Oben und Unten, des Subjektes und des Objektes, des Experten und des Behandlungsbedürftigen, des Gesunden und des Kranken, des Normalen und des Abweichenden entgegenzuarbeiten. Sie wollen die der Klinik zu Grunde liegende Kultur des Gegeneinanders nicht in die Gemeinde übernehmen, denn sie wollen nicht länger, dass die einen im Lichte stehen – planen, programmieren, organisieren, regulieren – und die anderen oft nur verdinglichte Schattenwesen sind. Sie wollen nicht, dass in der Gemeindepsychiatrie die einen diktieren, was die anderen zu tun haben, damit sie genesen können. Sie wehren sich dagegen, den in der Klinik »zum Wohle der Psychiatrie-Patienten« durchstrukturierten und durchorganisierten Alltag auf die Gemeinde zu übertragen.

In der durchrationalisierten klinischen Alltagskultur sind Initiativen der Patienten wenig gefragt, ja sogar unerwünscht, weil sie das Ordnungsgefüge des Krankenhauses nicht selten stören. Den Patienten Gestaltungsmöglichkeiten zu gewähren könnte die Gefahr heraufbeschwören, die Klinikkultur umgestalten zu müssen, etwas Bewährtes aufs Spiel zu setzen. So müssen sich die Patienten dem vorgegebenen Schema und Rhythmus unterwerfen, wenn sie nicht auffallen wollen. Das Reformmotto der Mitarbeit, das die Teilnahme der Patienten an ihrem Heilungsprozess beinhaltet, bedeutet zwar häufig auch ein Sich-Einfügen in die vorgegebenen Strukturen, beinhaltet aber andererseits auch ein Mitmachen. Diese Mitmachkultur in der Gemeinde unterscheidet sich doch wesentlich von der klinischen, die aber für viele »Drehtürpatienten« immer noch die dominierende ist.

Kongruenzen zwischen der Kulturindustrie und der Psychiatrie-Kultur

Die Frankfurter Schule hat sich sehr intensiv mit den humanen Problemen der Kulturindustrie in den fortgeschrittenen westlichen Gesellschaften beschäftigt und die Mechanismen und Strategien des kulturindustriellen Vorgehens als neue Formen der Kontrolle bezeichnet. Kulturindustrie meint hier eine Industrie, deren Produkt die Kultur ist, d.h. deren wesentliche Marktaufgabe es ist, bestimmte Kulturformen zu erzeugen (ADORNO/ HORKHEIMER 1973). Der Mensch wird sowohl in seinem Bewusstsein als auch in seinen Verhaltensweisen durch Macht- und Wissenssysteme gesteuert, die auch dem Demokratieverständnis des Westens nicht widersprechen, denn Freiheit westlicher Prägung bleibt dem Menschen erhalten. Er hat die Freiheit zu wählen, sei es die politische Partei, die er gern regieren sehen will, sei es die Meinung, die er frei äußern darf, sei es eine bestimmte Ware, die er auf dem Markt erwerben will.

Nach H. MARCUSE (1972) ist Freiheit ein vieldeutig zu interpretierender Begriff, der einer präzisen Differenzierung bedarf. Die Freiheit zu wählen – oder besser: die Wahlfreiheit – ist nur eine der denkbaren Formen der Freiheit, die sich in westlichen postindustriellen Gesellschaften durchgesetzt hat. Sie beinhaltet, dass etwas angeboten wird und der marktgängige Mensch zwischen den vorgegebenen Angeboten, seien es Produkte oder Dienstleistungen, seine Wahl treffen kann. Es gibt zwei *Formen* von Kultur: die produktive Seite der Kultur – die aktive, hervorbringende, gestaltende, produzierende – und die konsumtive Seite der Kultur, die meist reaktiv, passiv, rezeptiv, empfangend ist. Jedes Gesellschaftsmitglied besitzt zumeist fortwährend beide Seiten.

Für viele Menschen läuft die produktive Seite der Kultur fremdbestimmt ab. Sie sind dem Produkt und dem Prozess der Arbeit entfremdet. Auch die Mitbestimmung in einigen größeren Betrieben hat daran wenig geändert, wobei die produktive Seite der Kultur doch ohne weiteres gestalterische Fähigkeiten voraussetzt. Produktive Freiheit impliziert die Freiheit, etwas herzustellen, zu erzeugen. Auf Grund bestimmter Produktionsbedingungen und -verhältnisse lässt sich diese Möglichkeit bei vielen Menschen in der gegenwärtigen Gesellschaft nicht verwirklichen. Bei der konsumtiven Kulturform werden zumeist keine schöpferischen Fähigkeiten von den Menschen erwartet, die Konsumierenden haben lediglich auf das für sie Zurechtgestellte zu reagieren – das produzierte »Gestell«, das als Weise des »Entbergens« durch Geschlossenheit und Eingleisigkeit gekennzeichnet ist (HEIDEGGER 1988).

Psychiatrie-Kultur

Die Psychiatrie-Kultur der Klinik hat strukturelle Ähnlichkeiten mit der modernen Kulturindustrie. Hier wird ein bestimmter Mensch produziert, der sozialfähig gemacht wird. Die Pharmaindustrie steuert in gewisser Weise mit ihren Produkten die Persönlichkeitsstruktur der Psychiatrie-Erfahrenen: Ein zu aktives Individuum wird gebremst, ein zu passives wird aktiviert, ein aggressives wird in seiner Energie gedrosselt usw. Die Klinik legt fest, wie, wann, wo und womit Psychiatrie-Erfahrene behandelt werden und was für ihre Genesung sinnvoll ist. Selbst wenn auf einigen offenen Stationen der Krankenhäuser nunmehr Patienten wählen können, ob sie Psychopharmaka einnehmen wollen oder nicht und sie ihren Nervenarzt wählen können, so besteht doch bei den Patienten zumeist eine Bereitwilligkeit, mit Hilfe der Medikamente zu ihrem eigenen Wohle »gesteuert« zu werden. Sicherlich wird soziale Kontrolle auf des menschlichen Verhaltens hier in einer mehr oder weniger sanften Form ausgeübt. Darüber hinaus werden die Verhaltens- und Umgangsformen dieser Psychiatrie-Erfahrenen in der Klinik geprägt, wobei wenig eigenes Produktives eingebracht werden kann.

Die im Vergleich zur Kulturindustrie begrenztere Kultur psychiatrischer Hilfen engt durch ihre Krankheitsperspektive den bereits limitierten Produktivbegriff der Kulturindustrie noch mehr ein. Den Psychiatrie-Erfahrenen werden Gestaltungsfähigkeiten abgesprochen, ihre Produktivkraft wird verkannt, ihre, ihnen als vermeintliche Defizitwesen aberkannten, Ressourcen verkümmern völlig. Diese klinische Abtreibung produktiver Fähigkeiten trägt zu einer häufig zu beobachtenden Lethargie bei Psychiatrie-Erfahrenen bei. Um dies zu vermeiden, ist die Dynamisierung des Betroffenen bei den psychosozialen Selbsthilfegruppen unabdingbar. So tritt zum Beispiel bei der Soteria sofort nach »der Wache« akutpsychotischer Personen die Aktivierungsphase ein. Diese soll die Fähigkeiten der Psychotiker wieder freisetzen (siehe MOSHER/HENDRIX 1994).

I. Illich hat in seiner Kritik des medizinischen Systems schon vor einigen Jahrzehnten vor einer Vorherrschaft der professionellen Dienstleistungen gewarnt, die seiner Sichtweise entsprechend zu einer Entmündigung der Patienten/Klienten führt (ILLICH u.a. 1979), denn die Expertenherrschaft ist ja eines der typischen und weit verbreiteten Phänomene der Neuzeit und der arbeitsteiligen Gesellschaft. Wenn überall Dienste bzw. Versorgungsleistungen auf menschliche Probleme eingehen, wenn somatische Beschwerden an die medizinischen Experten, psychische Krisen an die Psychiater oder Psychologen, soziale Konflikte an die sozialen Berufe und weitere Probleme an andere Experten delegiert werden, dann geht allmählich das eigene Selbsthilfepotenzial der Menschen verloren, denn in der Kultur der Hilfe wird in komfortabler Weise etwas *für* die Betreffenden getan. Dadurch verliert man sogar soziale Fähigkeiten *überhaupt.* Die Menschen brauchen sich keine Gedanken mehr zu machen, keine eigene Kultur der Hilfe mehr zu entwickeln; sie können sich zurücklehnen und andere, die dafür Bestimmten, etwas für sie bereitstellen lassen (ILLICH 1995).

Die gegenwärtige Expertenherrschaft wird in der heutigen Zeit mehr und mehr durch »Gegenexperten« in Frage gestellt. Das Motto »Experten in eigener Sache« zu sein konterkariert die moderne Steuerung der Menschen durch die Experten. Auch in der Reformpsychiatrie wird davon ausgegangen, dass die Betroffenen Erfahrungen gemacht haben, zu denen Professionelle nur schwerlich Zugang finden.

Das Gesunderhaltende der Selbsthilfe

Gestaltende Selbsthilfe-Kultur

Am Beispiel der psychosozialen Selbsthilfegruppe Nachtschwärmer soll das Gegenexpertentum im Hinblick auf Rehabilitation erläutert werden.

Ursprünglich hatten die Betroffenen überhaupt nicht die Idee oder gar die Zielvorstellung, Kulturarbeit zu betreiben. Ihr Ziel war es zunächst, insbesondere abends und nachts auftretende Krisen aufzufangen und damit zu verhindern, dass sich Psychiatrie-Erfahrene einem erneuten Klinikaufenthalt unterwerfen müssen. Von Kulturarbeit war in der Gründerzeit wenig die Rede, eher von den in der vorhandenen psychosozialen Versorgung fehlenden Diensten. Die Nachtschwärmer wollten diesen defizitären psychiatrischen Zustand korrigieren und gleichzeitig neue, von der etablierten Psychiatrie abweichende Dienste anbieten. Nach der Eröffnung des Projektes wurde den Teilnehmenden immer bewusster, wie komplex und vielseitig solch eine psychosoziale Selbsthilfe ist und wie viel Eigenarbeit notwendig ist, um die Situation adäquat zu bewältigen – dieses Bild veränderte sich auch nicht, als nach einigen Monaten ABM-Kräfte bestimmte Dienste übernahmen.

In Anlehnung an die künstlerische (Selbsthilfe-)Gruppe »Blaumeier« dachte man bei den Nachtschwärmern daran, von der psychiatrischen Krankheitszentrierung abzurücken und die Potenziale im Menschen – auch im Kranken, Krisenanfälligen, Gestörten – zu sehen und zu fördern. Immer wieder wurde in der Gruppe dazu aufgerufen, sich einzubringen und Anregungen für gestalterische Vorhaben zu geben. Es sollte eine, sich völlig von der klinischen Psychiatriekultur unterscheidende, neue Alltagskultur entwickelt werden und jeder sollte sich daran beteiligen können.

Diese neu zu realisierende Kultur sollte im Unterschied zu den von der ehemaligen Psychiatriereform entwickelten Tagesstätten keine Ghettokultur sein, in der die Psychiatrie-Erfahrenen unter sich sind. In den Tagesstätten halten sich fast ausschließlich Psychiatrie-Erfahrene auf, die zwar einen stabilen Ort zur Verfügung haben, jedoch, wie auf den psychiatrischen Stationen, keine »normale« soziale Umgebung vorfinden. Schon sehr früh kristallisierte sich bei den Nachtschwärmern heraus, dass sie eine Begegnungskultur zwischen den »Normalen« und »Abweichenden« schaffen wollten. Nur auf diese Weise konnte, ihrer Zielvorstellung entsprechend, eine Öffnung zur sonstigen Bevölkerung erfolgen und die geschichtlich verwurzelte Ausgrenzung Psychiatrie-Erfahrener überwunden werden. Man bemühte sich redlich und mit Hilfe intensiver Öffentlichkeitsarbeit neben Psychiatrie-Erfahrenen auch Nicht-Psychiatrie-Erfahrene in die Gruppe mit einzubeziehen. Heute sieht das Bild wie folgt aus: Neben Psychiatrie-Erfahrenen und Alkoholabhängigen sind Studierende, ein Hochschullehrer, Lehrbeauftragte an Hochschulen, Angehörige und Interessierte (Nachbarn, Freunde von Psychiatrie-Erfahrenen etc.) Teilnehmer des psychosozialen Selbsthilfeprojektes. Dadurch wird gefördert, dass die Psychiatrie-Erfahrenen über ihre Kreise hinaus Kontakte knüpfen und sich zumindest ansatzweise Mischkulturen entwickeln.

Kulturspezifische Selbsthilfetätigkeiten

Aus der aktuellen Situation der multiplen Krisenerfahrungen Psychiatrie-Erfahrener heraus bildete sich bei den Nachtschwärmern sehr früh eine Gesprächsgruppe, die den Betroffenen eine Möglichkeit geben sollte, ihre Probleme zu äußern und in der Gruppe zu besprechen. Weiterhin bestand großes Interesse an künstlerischen Ausdrucksformen, und mit Hilfe einer ABM-Stelle wurde es möglich, eine kunsttherapeutische Gruppe aufzubauen. Einige Teilnehmer lösten sich aus dem therapeutischen Zusammenhang und malten einfach, um eigene Ausdrucksformen zu verwirklichen. Mehrere psychiatrieerfahrene Künstler wurden schon zu Ausstellungen eingeladen, einer von ihnen sogar in die USA.

Die Nachtschwärmer sind eine Selbsthilfekultur, die uns anschaulich zeigt, wie nahe Genie und Wahnsinn oder Kunst und Verrücktheit beieinander liegen können. Einige Psychiatrie-Erfahrene zeigten sich auch motiviert, an einer Literaturgruppe teilzunehmen; diese besteht nunmehr schon viele Jahre. Die Teilnehmer diskutieren begeistert über literarische Themen, bislang wurden kleinere Werke von Hesse und Kafka gelesen, auch

V. Steins *Abwesenheitswelten* sprach viele Psychiatrie-Erfahrene an. Des Weiteren wurde im Sommer 2001 ein Philosophenkreis gebildet, in dem Themen wie »Zeit«, »Konflikt«, »Sprache«, »Wahrheit«, »Schönheit« und »Sinnhaftigkeit« diskutiert wurden. Die große Begeisterung für die psychosoziale Selbsthilfegruppe löste auch Interesse an der Herausgabe einer Zeitung aus. In der Zwischenzeit sind bereits zahlreiche Nummern erschienen. Hier ist erkennbar, welch große Gestaltungsfähigkeiten Psychiatrie-Erfahrene besitzen.

Das Prinzip Mitmachen zeigt sich auch in Urlaubs- und Wandergruppen, die sich gebildet haben. Was die erste Gruppe betrifft, so hatten mehrere Psychiatrie-Erfahrene Interesse, einen gemeinsamen Urlaub irgendwo an der See zu verbringen. Es wurde zusammen mit anderen Interessierten – zumeist Studierenden – geplant, an die Ostsee zu fahren. Das Vorhaben wurde vom Stadtrat finanziell gefördert. Für viele Psychiatrie-Erfahrene erfüllte sich damit ein Traum, endlich mal aus ihrer begrenzten Umgebung herauszukommen. Noch Monate nach der Fahrt wurde über dieses einmalige Ereignis gesprochen. Die Wandergruppe gehört inzwischen ebenfalls zum festen Angebot. Es zeigt sich auch bei diesen Gruppen, wie Menschen mit Psychiatrie-Erfahrung aus der Konsumentenhaltung herauskommen und ihre Potenziale bei der »Produktion« von Wanderungen und Fahrten in Form von Gestaltungsvorschlägen einbringen.

Vor einiger Zeit hat sich darüber hinaus auch noch eine Bastelgruppe gebildet, die den Teilnehmern auch gestalterische Fähigkeiten abverlangt. Ein Tischler mit Psychiatrie-Erfahrung kam auf diese Idee und stieß auf große Resonanz. Die Teilnehmenden waren stolz, als sie ihr erstes Werk – einen Schrank – fertig stellen konnten, der nun ein bedeutender Teil des Mobiliars der Nachtschwärmer geworden ist, was wiederum zu einem gesteigerten Selbstwertgefühl führte.

Auch bei Straßenfesten in der Nachbarschaft gibt es sehr viele Gestaltungsmöglichkeiten. Sie sind eine gute Gelegenheit für die Nachtschwärmer, sich bekannt zu machen und bestehende Vorurteile gegenüber psychisch Kranken abzubauen. Außerdem ist es natürlich schön, aus dem Alltagstrott herauszukommen. Viele Teilnehmer machen mit bei der Dekorierung der Straße, bauen ein Zelt und verkaufen kalte Getränke. Auf Wunsch einiger Besucher findet seit kurzem auch einmal im Monat ein Disco-Abend statt, bei dem die eher inaktiven Psychiatrie-Erfahrenen wieder etwas Bewegung und Spaß erleben.

Resümee der Selbsthilfe-Kultur

Die durch Selbsthilfe entwickelte Alltagskultur ist sicherlich nicht mit der hohen Kultur, den Stammhäusern der Kultur wie Museum, Opernhaus und Theater zu vergleichen. Bei der Selbsthilfegruppe ist jeder gefragt, den dortigen Alltag mitzugestalten. Mit der Ausnahme von Gewalt ist das Selbsthilfeprojekt offen für alles Machbare und dem Einzelnen und der Gruppe Dienlichen. Es gibt kein festes Programm, alles ist möglich und denkbar. Was zählt sind die jeweiligen Bedürfnisse und kreativen Ideen. Das Alter spielt dabei kaum eine Rolle, in den meisten Selbsthilfegruppen nehmen Menschen aller Altersgruppen teil. Es herrscht zumeist Konsens, dass junge und alte Menschen gleich kreativ gestalterisch tätig sein können. Es wird viel experimentiert und gewagt, wobei nicht alles gelingt. Wichtig ist das Wagnis, Kultur zu machen; es ist eine Art Therapeutikum.

Mehr und mehr hat auch die Reformpsychiatrie die den Psychiatrie-Erfahrenen innewohnenden Potenziale und Ressourcen erkannt und so etwas wie eine Mitmachkultur in der Gemeinde zu entwickeln versucht. Die Selbsthilfen können dabei behilflich sein, indem sie Wege aufzeigen, wie Menschen aus der Konsumentenhaltung herauskommen und selbst produktiv tätig werden können.

Positive Wirkungen des Kulturmachens

Es ist als äußerst positiv zu bewerten, dass psychosoziale Selbsthilfegruppen die durch die klinische Sozialisation verschütteten Ressourcen wieder freizusetzen versuchen. Sie wollen das Bewusstsein erweitern und die Psychiatrie-Erfahrenen ihre ureigensten Fähigkeiten entdecken lehren. Mit dem Erbringen kultureller Leistungen werden die jeweiligen individuellen Ressourcen in die Gruppe eingebracht. Das durch die klinische Psychiatrie auf Grund der psychischen Krankheit abgewertete Ich erhält neue Stärke – ein neues Machtgefühl, jenseits der Ohnmacht in der Klinik. Es ist nicht Macht als Macht über andere, sondern eine Gestaltungsmacht, eine Macht, etwas hervorzubringen (NIETZSCHE 1977).

Nach der häufig in der Klinik erlebten Sinnlosigkeit gibt das Leben in der Selbsthilfegruppe vielen eine neue Sinn-Qualität. Sie können etwas tun und finden Anerkennung für ihre Handlung. Phasen der Lust treten an die Stelle des klinischen Frustes. Das Lachen kehrt langsam wieder in das Alltagsleben der früheren Psychiatrie-Insassen zurück. Alles in allem scheint die Selbsthilfekultur auf kleiner Ebene eine Möglichkeit aufzuzeigen, wie Expertenwissen und Expertensteuerung abgebaut und individuelle menschliche Fähigkeiten und Ressourcen gefördert werden können. Dieser Prozess der Konstituierung der Selbsthilfepotenziale könnte als ein postmodernes Phänomen (siehe WELSCH 1986) oder als eine Renaissance der »subjektiven Souveränität« (siehe FOUCAULT 1986) bezeichnet werden. Es gibt einigen Psychiatrie-Erfahrenen wieder Hoffnung, dass im Gegensatz zu der über Jahre als Fremdsteuerung und Selbstentfremdung erfahrenen, hierarchischen Psychiatrie-Kultur der Klinik ein anderes, nämlich selbst gestaltetes Leben möglich ist.

Paradigmenwechsel in der psychosozialen Versorgung

»Was macht Menschen krank?« ist eine sich durch die Geschichte der Psychiatrie ziehende und sich auch in der Gegenwart der psychosozialen Versorgung immer wieder stellende Frage. In dieser auf die Pathologie des Menschen ausgerichteten Fragestellung unterscheiden sich Sozialpsychiater nicht von Neurologen, Psychiater nicht von Soziologen, fortschrittliche Professionelle nicht von konservativen, obgleich die jeweilige Beantwortung der Frage große Unterschiede zeigt. Ärzte ebenso wie Sozialarbeiter, Psychologinnen genauso Krankenschwestern zentrieren ihre Kraft und Energie auf die Fragen, was Menschen krank macht und wie Krankheit zum einen vermieden (Prävention von Krankheit) und zum anderen effektiv behandelt werden kann (Rehabilitation der Krankheit). Der Mensch wird dabei zumeist nur noch verkürzt als (ausschließlich) krank angesehen. Aber ist der als psychisch krank definierte Mensch nicht doch weitaus mehr als nur das?

Das salutogenetische Konzept befreit von dem auf Krankheit fixierten Denken. Was steckt hinter diesem salutogenetischen Paradigma? Salus ist Lateinisch und meint Unversehrtheit, Heil und beinhaltet dabei das, was wir Gesundheit und Gesundung nennen. Die der Salutogenese zu Grunde liegenden Fragen sind: Wie und wodurch entstehen Gesundheit und Gesundung? Oder: Wie und wodurch erhält sich der Mensch gesund? Die Voraussetzungen, diese Fragen überhaupt stellen zu können, sind, dass der Mensch nicht nur als krank konzipiert wird, d.h. nicht nur kranke Anteile in sich trägt, nicht nur als defizitär, mangelhaft, gestört diagnostiziert wird, sondern dass, solange der Mensch lebt, Teile von ihm gesund sind.

Die Salutogenetiker gehen von einem Gesundheits-Krankheits-Kontinuum aus, auf dem sich der Mensch während seines Lebens bewegt, wobei Krankheit und Gesundheit idealtypische Pole sind, es jedoch keine klaren Grenzlinien zwischen beiden gibt, geschweige denn die beiden Begriffe als Gegensätze zu begreifen sind. Der Mensch befindet sich auf bestimmten Punkten dieses Kontinuums, die sich entweder näher dem Pol der Gesundheit oder dem der Krankheit befinden, ohne je völlig mit dem einen oder anderen Pol identifizierbar zu sein. Jeder Mensch hat also, solange er einen Hauch von Leben in sich hat, neben seinen kranken Anteilen auch gesunde (siehe ANTONOVSKY 1991 und 1997).

Mir erscheint die gesundheitswissenschaftliche Frage »Was erhält Menschen gesund?« eine gedankliche Wende weg vom dominierenden pathologischen Paradigma. Kann nun die Salutogenese auf die Psychiatrie übertragen werden, ist es sinnvoll, die Frage »Was erhält psychisch kranke Menschen gesund?« überhaupt zu stellen, oder ist die Fragestellung ein Widerspruch in sich? Diesen Überlegungen möchte ich nachgehen.

Der Diskurs der Psychiatrie: »Was macht Menschen psychisch krank?«

Seit der Umwandlung der Arbeits-, Zucht- und Tollhäuser in Irrenanstalten und seit der »Kolonisierung« des Wahnsinns durch die Psychiatrie haben sich Diskurse zur Verrücktheit entwickelt, die das Irresein nicht länger als Problem der Erziehung und Moralisierung betrachtet haben, sondern nunmehr die psychische/geistige und soziale Abweichung als Krankheit konstruierten. Geisteskrankheit wurde als etwas dem gesunden Menschenverstand Entgegengesetztes konzipiert: Sie ist »an der persönlichen Erfahrung der gesunden Mitmenschen gebildet. Wen man von dieser Erfahrung aus nicht mehr begreifen, nicht mehr dem eigenen Wesen verwandt empfinden kann, empfindet man als ›fremd‹ (alienus), als aus dem Bereich der menschlichen Gemeinschaft entrückt und in anderen Bereichen festgerückt (›verrückt‹), als geisteskrank oder psychotisch.« (E. BLEULER 1979, S. 117)

Der Blick auf die Krankheit war der Blick auf etwas Fremdes, Anderes, Gegensätzliches. Er fokussierte die medizinischen Anstrengungen von Griesinger, Kraepelin, Bleuler, Schneider bis in die Reformpsychiatrie hinein auf den Körper, denn es war und ist immer noch die als wissenschaftlich hochstilisierte Erkenntnis, dass nur in einem kranken Körper ein kranker Geist wohnen könne. Dieses linear-kausale, auf den Körper ausgerichtete Wissen ist bis zur heutigen Reformpsychiatrie erhalten geblieben, es ist jedoch durch psychische und soziale Faktoren ergänzt worden. Die Fragestellung »Was macht Menschen psychisch krank?« ist trotz der Perspektiven- und Erklärungserweiterung vielerorts geblieben.

Diese Kontinuität des kranken Blickes manifestiert sich auch in der viel gepriesenen und bewunderten Alternativpsychiatrie Italiens und der Antipsychiatrie Englands. Beide populär gewordenen Richtungen stellen weiterhin die jahrhundertealte Frage: »Was macht Menschen psychisch krank?« Die italienische Psychiatrie betont neben den herkömmlichen organischgenetischen Erklärungsformen auch – dies wahrscheinlich auf Grund gewerkschaftlich und links ausgerichteter Professioneller – gesellschaftliche und wirtschaftliche Faktoren. Neben den Genen kann auch die Gesellschaft als solche krank machen. Zu dieser von G. JERVIS (1978) und F. BASAGLIA (1974) aufgegriffenen These kamen auch A. HOLLINGSHEAD und F. REDLICH (1977) in ihrer amerikanischen Untersuchung des Sozialcharakters psychischer Erkrankungen, der zufolge 80 Prozent der in eine Anstalt eingewiesenen Personen ungelernte Arbeiter waren und deren Verweildauer erheblich länger war als die von Angehörigen anderer Schichten. G. JERVIS (1978) konstatiert für Italien sogar eine Einweisungsrate der Arbeiterschicht von mindestens 90 Prozent. Diese Population erfährt weitaus mehr Unterdrückung und Entfremdung und ihr Risiko, krank zu werden, ist damit erheblich größer als bei anderen Schichten.

Auch die Antipsychiatrie verharrt in der Fragestellung: »Was macht Menschen psychisch krank?« R.D. Laing, A. Esterson und D. Cooper leiten ihre Ideen von dem von der Palo-Alto-Schule entwickelten Familienansatz her, nach dem Schizophrenie durch bestimmte Familienkonstellationen erzeugt wird. Es erfolgt zwar hier ein Paradigmenwechsel vom Organischen zum Sozialen (siehe LAING/ESTERSON 1975), doch kein Wandel vom pathogenetischen zum salutogenetischen Blick.

Selbst die sehr fortschrittlichen und insbesondere von Psychiatrie-Erfahrenen gewürdigten Psychose-Seminare und viele sozialpsychiatrischen Selbsthilfeprojekte verharren in der Fragestellung »Was macht Menschen psychotisch?« und »Wie kann die Psychose am besten bewältigt werden?«. Es scheint, als ob sich das psychiatrische, psychiatriekritische und auch antipsychiatrische Denken nicht aus dem Diskurs des Krankhaften herauslösen kann, als ob sich kein Umdenken am Horizont der Psychiatrie im weitesten Sinne abzeichnet.

Der Diskurs »Was erhält Menschen gesund?«

Hinweise auf mögliche andere Diskurse in der psychosozialen Versorgung zeigen sich im Bereich der Gesundheitswissenschaften. So hat etwa das salutogenetische Paradigma in der Stressforschung eine andere, neue Fragestellung entwickelt: statt, wie bislang, davon auszugehen oder zu fragen: »Macht Stress krank?«, »Welche Stressbedingungen verursachen Krankheit?«, »Wie viel Stress führt zu Störungen?«, gehen die Salutologen der Frage nach, wie sich jemand, der Stress erfährt, trotzdem gesund erhalten kann (siehe ANTONOVSKY 1991 und 1997).

Der Salutogenese liegt folgendes Denkschema zu Grunde: Jeder Mensch erfährt Stress im Alltagsleben, doch nur einige werden krank. Es muss also, neben dem Stress, die Ausgangssituation der Menschen Berücksichtigung finden, also ihre gesund erhaltenden Ressourcen, die es einer Anzahl von Menschen ermöglicht, sich trotz Stress gesund zu erhalten. Die zentrale Frage ist also auf das handelnde Subjekt gerichtet und deren Schwerpunkt wird auf das dem jeweiligen Menschen zur Verfügung stehende Potenzial gesetzt, d.h. auf die körperlichen, psychischen, sozialen und kulturellen Voraussetzungen, die es ihm ermöglichen, Stress ohne größere Beschädigung zu überstehen. Mit Hilfe der auf die Gesunderhaltung ausgerichteten Fragestellung werden die Widerstandskräfte der Menschen untersucht. Die zentrale Frage lautet jetzt: »Was erhält Menschen trotz Belastungssituationen gesund?«

Zur Untermauerung dieses Ansatzes greift A. Antonovsky auf ein aus dem Zweiten Weltkrieg stammendes Beispiel zurück, den Holocaust. Einige Menschen in Konzentrationslagern haben ihn überlebt, andere nicht, obwohl sie in ähnlichen Situationen lebten. Eine Anzahl von Menschen ist trotz der lebensvernichtenden Strategien der Nazis nicht zu Grunde gegangen, weil sie mit Hilfe von stützenden Ressourcen die Belastungssituationen besser bewältigen konnten als andere. Die Frage »Was erhält Menschen trotz Belastungen gesund?« führt schließlich zu der Frage »Welche Ressourcen stehen Menschen in Belastungssituationen zur Verfügung?«.

Im Folgenden soll nun der Frage nachgegangen werden, inwieweit das von der Salutogenese entwickelte Denkmodell auf die psychiatrischen Situationen übertragbar ist, wenn man bedenkt, dass es sich bei den zu untersuchenden Menschen um bereits als psychisch krank eingestufte Menschen handelt.

Die Salutologen verbinden Gesundheit mit einem gewissen Kohärenzgefühl und setzen dieses in Beziehung zu drei wesentlichen Elementen des menschlichen In-der-Welt-Seins: erstens die Welt zu verstehen, zweitens für sich die Welt unter Kontrolle zu bringen und drittens die Welt als sinnvoll zu erachten. Zweifelsohne ist dieser Definitionsversuch eine Hilfestellung auf dem Weg zum Verstehen von Gesundheit, doch dies scheint nur ein Ausschnitt gesunden Verhaltens zu sein, der noch vieles offen und unberücksichtigt lässt. Diese Gesundheitsdefinition ist sehr theoretisch, es fehlt die Berücksichtigung des subjektiven Empfindens von Gesundheit und – noch gravierender – diese Konzeption ist nicht im Sozialen und Kulturellen verwurzelt.

Die Weltgesundheitsorganisation definiert Gesundheit als »einen Zustand vollkommenen körperlichen, geistigen und sozialen Wohlbefindens und nicht allein als Fehlen von Krankheit und Gebrechen« (WHO in: WALLER 1996, S. 9).

Nach der WHO ist der Mensch selbst der Maßstab der Gesundheit, er bewertet sein In-der-Welt-Sein als positive oder negative Befindlichkeit, als Wohlbefinden oder Unwohlsein. Nicht ein Arzt oder ein sonstiger Professioneller ist der Experte der Gesundheit, sondern der Betreffende selbst. Dieses Expertentum in eigener Sache korreliert mit der je subjektiv erlebten Befindlichkeit. Diese erstreckt sich auf drei Schwerpunkte:

- erstens das körperliche Wohlbefinden – der Mensch hat keine Schwierigkeiten, seine Grundbedürfnisse (Essen, Trinken, Schlafen, Wohnen) zu befriedigen und kann ohne Beschwerden leben;
- zweitens das psychische Wohlbefinden – die jeweilige Person sieht sich nicht als Opfer äußerer Machenschaften, vielmehr leistet sie Widerstand gegen Vereinnahmung durch andere, reguliert und steuert sich aus sich selbst heraus und drängt auf Selbstverwirklichung;
- drittens das soziale Wohlbefinden – das Individuum findet Geborgenheit und Bestätigung bei seinen Mitmenschen und es erfährt Unterstützung von ihnen.

Wenn wir wieder zur Frage zurückkehren »Was erhält Menschen gesund?«, dann ist es sowohl für die so genannten Normalen wie auch für die als psychisch krank Diagnostizierten deren körperliches, psychisches und soziales Wohlbefinden. Es stellen sich nun die Fragen, ob die Psychiatrie-Erfahrenen in einem bestimmten Umfang solch ein Wohlbefinden haben und inwiefern gewisse soziale Konstellationen bei Individuen Wohlbefinden erzeugen können.

Zunehmend wird in der gegenwärtigen gemeindenahen psychosozialen Versorgung der Schwerpunkt weg von der Klinik hin zu ambulanten Einrichtungen gelegt. Das Schlagwort lautet »ambulant vor stationär«. Die Psychiatrie-Erfahrenen bevorzugen überwiegend ambulante Dienste, sie fühlen sich dort wohler als in der Klinik. Insbesondere die Tagesstätten werden von Betroffenen häufig gut angenommen und die meisten Besucher erfahren dort eine wohltuende Situation und berichten über ein Gefühl von Wohlbefinden. Sie ist freier und bietet eine andere Atmosphäre als die Klinik. Auch die psychosozialen Selbsthilfegruppen versuchen Wohlbefinden bei den Teilnehmenden herzustellen.

Die Nachtschwärmer – einmal mehr als Beispiel – können als eine gesundheitsfördernde und -erhaltende Begegnungsstätte betrachtet werden, denn sie bieten insbesondere Menschen mit Psychiatrie-Erfahrung Möglichkeiten, dass ihre Krisen dort aufgefangen werden, sie aus der Vereinzelung heraustreten und sie ihren »Wahnsinn« innerhalb von Grenzen (Eigen- und Fremdgefahr) ausleben können. Betrachtet man die Psychiatrie-Erfahrenen, so lässt sich ohne weiteres deren vielfältiges Wohlbefinden registrieren. Nicht nur körperlich geht es ihnen besser als zuvor, auch psychisch und sozial fühlen sie sich wohler als zu der Zeit ihrer ständigen Klinikaufenthalte. Sie erhalten durch die Gruppe eine bestimmte Wertigkeit (ansteigendes Selbstwertgefühl) und Unterstützung im sozialen Netz. In der Selbsthilfegruppe begeben sie sich auf den Weg der Gesundung.

Der Paradigmenwechsel als neue Hoffnung
Jahrhundertelang war der professionelle psychiatrische Blick auf Defizite, Mängel, Störungen und auf Krankheit gerichtet. Die immer wiederkehrenden Fragen waren »Was fehlt dem Menschen?« und »Was macht den Menschen krank?« Dieses auf Störung und Krankheit ausgerichtete Denkmodell ist bis in die Gegenwart erhalten geblieben. Es legt großen Wert auf richtige Diagnosen und effektive Rehabilitation. Dieses auf Krankheit und Störung fixierte Denkschema ist starr, steif und geschlossen. Es zieht in dichotomer Weise klare Grenzen zwischen dem Kranksein einerseits, was Behandlungs- oder Rehabilitationsbedürftigkeit impliziert, und dem Nicht-Kranksein andererseits, was mit Gesundheit gleichgesetzt wird.

Unser postmodernes Denken versucht feste oder gar verfestigt vergegensätzlichte Strukturen aufzulockern oder aufzubrechen. Die Salutologen eröffnen uns neue Dimensionen im Hinblick auf Krankheit und Gesundheit. Sie rücken von dem »total« kranken und dem »total« gesunden Menschen ab und postulieren, dass sich alle Menschen, so lange sie leben, auf verschiedenen Graden eines Kontinuums zwischen Krankheit und Gesundheit befinden. Der neue Blick macht Hoffnung und erweckt Zuversicht, dass es für den als psychisch krank Diagnostizierten und seiner nicht selten Erstarrung und damit Chronifizierung neue Möglichkeiten der Gesundung gibt. Damit fielen die ehemals in der Geschichte der Psychiatrie künstlich erzeugten Schranken, Grenzen und Einengungen.

Der Mensch ist wieder frei, sich zum Pol Gesundheit hin zu bewegen. Sehr hilfreich sind dabei ambulante Dienste, insbesondere Selbsthilfegruppen, die, wie oben dargelegt, körperliches, psychisches und soziales Wohlbefinden erzeugen können. Wenn wir uns aus dem modernen Denken der Gegensätzlichkeit herausbegeben, kann die Frage »Was erhält den psychisch kranken Menschen gesund?« nicht nur gestellt werden, sondern sie ist überaus sinnvoll und zukunftsträchtig. Sie gibt Millionen Menschen mit Psychiatrie-Erfahrung auf der Erde einen neuen Anstoß, ihr Leben wieder in die eigene Hand zu nehmen und ihre Ressourcen und Potenziale zu entdecken.

Kapitel 9
Selbsthilfe als autopoietisches System

Selbstsorge – die Lebensader der Selbsthilfe

Die Selbstsorge der Psychiatrie-Betroffenen

Die Sorge um sich selbst hat bei Psychiatrie-Erfahrenen – wie in vielen Gesprächen deutlich wurde – ihre Wurzeln in den Unzulänglichkeiten des psychosozialen Versorgungssystems. Sie haben insbesondere die klinische Behandlung über viele Jahre von ihrer negativsten Seite erlebt. Das psychiatrische System war ihrer Erfahrung nach nicht in der Lage, ihnen effektiv zu helfen. Einige der Betroffenen pendelten zwanzig bis dreißig Mal zwischen Klinik und zu Hause und wurden zum Teil als chronische, unheilbare Fälle abgestempelt.

So bedurfte es enormer Anstrengungen, einer anderen Selbstwahrnehmung und einer neuen Selbsterfahrung, um sich aus diesem professionellen, klinischen Pessimismus und Nihilismus zu befreien. Einige Menschen mit Psychiatrie-Erfahrung haben es geschafft und nehmen wesentliche Rollen in Selbsthilfeprojekten ein, sei es beim Bundesverband Psychiatrie-Erfahrener oder bei örtlichen Initiativen: Sie gründen Gruppen, nehmen an Öffentlichkeitsarbeit teil, organisieren Ämter- und Behördengänge und besuchen eine Vielzahl kultureller Angebote. Sie sprühen vor Aktivität, wollen mitwirken und mitgestalten. Andere haben es nicht geschafft und bleiben in passiven Rollen des klinisch-psychiatrischen Systems.

Wie ist diese gelungene Transformation von der Fremdhilfe zur Selbsthilfe bei einigen möglich und warum ist sie bei anderen nicht zur Entfaltung gekommen? Wie ist dieses Potenzial für Veränderung bei den in Selbsthilfeprojekten teilnehmenden Psychiatrie-Erfahrenen zu erklären?

Eine Erklärung scheint mir sehr überzeugend zu sein, nämlich M. Foucaults Konzeption der »Selbstsorge« (FOUCAULT 1986). Sie beruht auf dem »Ruf der Sorge« (HEIDEGGER 1986), nach welchem das Dasein zu seinen eigensten Möglichkeiten zurückgerufen wird. Die Selbstsorge ist nach

Foucault ein Appell an die individuelle Freiheit, individuelle Gestaltungs-fähigkeit, an die inneren Ressourcen und Möglichkeiten. In ihr manifes-tiert sich eine bestimmte geistige Haltung, sich selbst zu schaffen, sich selbst hervorzubringen, sich nicht von außen bestimmen, kontrollieren und re-gulieren zu lassen. Es sind die »Prozeduren, durch die man Kontrolle über sich ausübt, und nach der Weise, in der man die volle Souveränität über sich herstellen kann« (FOUCAULT 1986, III, S. 305).

Diese Foucault'sche Suche nach den eigenen Möglichkeiten beruht auf der Erkenntnis, dass es Macht-, also Wissenssysteme gibt, die Unterwer-fungsverhältnisse herstellen wollen. Diese Erkenntnis ist Bedingung für die Entfaltung von Widerstandskräften. Ihr liegt eine ständige Reflexivität zu Grunde. Mit deren Hilfe wird, wie auch A. GIDDENS (1991) zeigt, das Selbst schwerer disziplinierbar, kontrollierbar und macht sich dementspre-chend souveräner.

Foucaults Ideen beruhen auf einem Wandel vom modernen und einer *auferlegten Subjektivität* – wie sie bei ihm in seinen Werken *Wahnsinn und Gesellschaft*, über *Disziplinieren und Strafen* bis hin zu seinem Werk *Der Wille zum Wissen* zum Ausdruck kommt – hin zu einer postmodernen, *sich selbst schaffenden und definierenden Subjektivität*, wie diese in seinen letzten Wer-ken *Der Gebrauch der Lüste* und *Die Sorge um sich* formuliert wird. Das Selbst ist nichts Gegebenes, sondern bringt sich erst durch die Sorge um sich selbst hervor. Aussagen der Selbsthilfegruppenmitglieder wie: »Ich lasse nicht mehr alles mit mir machen« oder: »Ich will meinen eigenen Weg gehen« oder »Ich muss in mich selbst gehen«, »Ich muss mich um mich selbst mehr kümmern« bestätigen diese hochbrisanten Konzeptionen der Diskontinu-ität bzw. des Bruchs von der Konstituierung des Selbst über die Praktiken der Unterwerfung hin zu einem Subjekt, das Widerstand gegen die oktroy-ierte Subjektivität leistet und sich selbst erfindet. Es erfolgt der Bruch zwischen einer Form der Subjektivität und einer anderen.

Für die Teilnehmer von Selbsthilfeprojekten ist es sinnvoll, ihre eigenen Möglichkeiten, ihre Ressourcen zu erkennen und ihr Leben zu reflektie-ren, um neue Wege gehen zu können und sich von der oktroyierten Sub-jektivität zu befreien, um sich selbst »zu schaffen«. Nur so können sie ihre Selbsthilfepotenziale erkennen und freisetzen. Unsere Kontakte mit den Psychiatrie-Betroffenen des Nachtschwärmer-Projekts haben einerseits die Selbstsorge als Selbstschutz gegen die Macht- und Kontrolltechniken der Psychiatrie deutlich gemacht, andererseits aber auch die Gefahr des Ab-sturzes ins Bodenlose gezeigt – nämlich in ein Leben ohne Zukunfts-möglichkeiten. Die Psychiatrie-Erfahrenen hatten Angst völlig abzustür-zen. Auch erlebten sie, dass sie, auf sich allein gestellt und auf sich selbst zurückgeworfen, immer wieder rückfällig wurden und daher Selbstsorge nur *mit anderen* Menschen möglich war. Dies können Psychiatrie-Erfahrene sein oder Professionelle, die in der Lage sind, sie zu verstehen statt sie »abzuspritzen«. Wie eine Betroffene es formulierte: »Allein schaffe ich es nicht. Aber ich will es schaffen. Dazu brauche ich andere Menschen.«

Neben der gemeinsamen Selbstsorge war es für die Betroffenen des Nachtschwärmer-Projekts auch wesentlich, sich Informationen – Wissen anderer Art als das klinisch-medizinische – zu beschaffen, um Selbstsorge mit anderen zusammen praktizieren zu können. Sie lasen häufig psychiatriekritische Texte, besuchten Lehrveranstaltungen an der Hochschule, die sich mit Diagnosen und Therapien auseinander setzten, und nahmen an Tagungen teil. Wichtig für die von den Psychiatrie-Erfahrenen ausgehende Selbstsorge ist es, auf eine Stabilisierung ihres Zustandes hinzuwirken. Nach Einschätzung der meisten Psychiatrie-Erfahrenen konnten Medikamente in geringen Dosierungen dabei eine gewisse Unterstützung sein.

Selbstsorge und ihre Wirkungen auf die Teilnehmer

Statt in einer passiven Opfermentalität zu verharren und sich von jeglicher Selbstsorge zu distanzieren, sorgen sich viele Psychiatrie-Erfahrene um ihre Zukunft. Sie fürchten, dass das, was in der Vergangenheit bestimmend war, auch die Zukunft prägen wird, denn dann wäre der »Fall« bzw. »Sturz« ins Uferlose vorprogrammiert und die von der Psychiatrie diagnostizierte Pathologie und Pathogenese würden nie überwunden werden. Diese Aussicht auf eigene Seinsmöglichkeiten in der Zukunft rüttelt manch einen Psychiatrie-Erfahrenen wach und führt zu einer vorausschauenden, auf eine andere Zukunft bezogenen Gegenwartsgestaltung.

Der Aufbruch in eine andere Zukunft – als Bruch mit dem Status eines passiven und pathologisierten und in Kliniken zirkulierenden Versorgungsobjekts – setzt bei den gemeinsam um sich selbst sorgenden Psychiatrie-Erfahrenen Ressourcen frei, die selbstrehabilitative Effekte bewirken und die von A. ANTONOWSKI (1991), wie oben aufgezeigt, als *salutogenetisch* bezeichnet werden.

Eine neue Qualität des Lebens entsteht, wenn die zuvor passivierten, objektivierten, quantifizierten und als krank, gestört, negativ sowie als Außenseiter betrachteten Menschen mit Psychiatrie-Erfahrung nunmehr als Ergebnis ihrer gemeinsamen Selbstsorge eine gewisse *Produktivität* in sich verspüren; und ihre Stärken und Potenziale erkennen statt wie bislang nur ihre Schwächen und Defizite. Der gegenwärtig häufig gebrauchte

Begriff »Empowerment« (CHAMBERLIN 1993, S. 317; KNUF/SEIBERT 2000) impliziert ein Gefühl von Macht und Kraft, den Alltag gestalten zu können oder Kontrolle über das eigene Leben auszuüben.

Die Anerkennung, die den in Selbsthilfegruppen tätigen Psychiatrie-Erfahrenen für ihre einmaligen Tätigkeiten gezollt wird – sei es in Tageszeitungen, sei es durch Telefonate von Interessierten, Behörden wie auch von professioneller psychiatrischer Seite aus –, erhöht ihr *Selbstwertgefühl*, das die klinische Sozialisation der Vergangenheit kaum zur Entwicklung brachte. Aussagen wie »Ich bin in der Zeitung« oder »Der Leiter des sozialpsychiatrischen Dienstes hat bei uns angerufen«, »Die Angehörigen [Psychiatrie-Betroffener] waren begeistert von unserer Selbsthilfe« etc. verdeutlichen den *Aufwertungsprozess*, der in Selbsthilfeprojekten stattfindet.

Man mag einwenden, dass der Selbstaufwertungsprozess über Instanzen wie Psychiater, Eltern und Medien vollzogen wird, somit das Abhängigkeitsverhältnis zu Autoritäten nicht überwunden wird und damit die Konstituierung des Selbst nicht über sich selbst, sondern über andere realisiert wird. Im systemischen Denken stellt das Verhältnis von Selbst und anderen ein Entsprechungsverhältnis dar. Identität ist nichts, das sich *gegen* eine Gesellschaft bildet, sondern nur *in* ihr.

Außerdem verkennt die obige Kritik, dass die Praktiken der Befreiung der sich selbst helfenden Psychiatrie-Erfahrenen eben im Kontext der an der Selbsthilfe zweifelnden Psychiater, Eltern und Journalisten stattfindet. Die Psychiatrie-Erfahrenen wollen gerade ihren Skeptikern zeigen, dass sie es – entgegen deren Prognosen – geschafft haben und diese Gruppe der »Zweifler« nun eines anderen, Besseren belehren. Gerade der Umstand, dass die Psychiatrie-Betroffenen in ihrer Selbstsorge etwas produzieren, was den Vorstellungen der Autoritäten widerspricht, verstärkt die Selbstaufwertung.

Das Entdecken salutogenetischer Potenziale, das Freisetzen neuer Machtgefühle und der Aufbau neuer Selbstwertgefühle tragen zu einer neuen *Ästhetik der Existenz* bei, wie Foucault es, auf Nietzsche zurückgreifend, formuliert. Bei der Ästhetik der Existenz geht es darum, »die reflektierte Kunst einer als Machtspiel wahrgenommenen Freiheit auszuarbeiten« (FOUCAULT 1986, II, S. 318). Das Leben als künstlerisches Phänomen zu betrachten oder aus der Existenz ein Kunstwerk zu machen impliziert »die Ausarbeitung einer Form des Verhältnisses zu sich« (ebd., S. 315), wobei das Individuum sich als Subjekt der eigenen Lebensführung konstituiert. Es reflektierend und sich um sich selbst sorgend seine eigenen Möglichkeiten erkennt.

Diese Selbsterkenntnis als eine neu konstruierte Form der Subjektivität

– an Stelle der ihnen über Jahre und Jahrzehnte hinweg von der Psychiatrie als Macht-, Wissens- und Ordnungssystem auferlegte – manifestiert bei den Psychiatrie-Erfahrenen das Recht auf Differenz, Variation und Schönheit (im Gegensatz zur psychiatrischen Hässlichkeit). Sie setzen der erlebten Hässlichkeit des klinischen Lebens der Vergangenheit andere Lebensstile entgegen, die sie als schöner empfinden. Sie wollen ihr Leben autonom gestalten, statt wie bislang reguliert, gesteuert, durchorganisiert und durchstrukturiert zu werden; sie wollen schöner leben und wohnen, sie wollen sich schön einrichten, wenn auch nicht teuer; sie wollen *schönere*, d.h. angenehmere Beziehungen als den in der Klinik üblichen professionell distanzierten, manchmal unsanften Umgang; sie wollen eine schönere Arbeit als die im Krankenhaus vorherrschende Beschäftigungstherapie.

Bei den meisten Selbsthilfegruppen können sich die Psychiatrie-Erfahrenen mit ihren ästhetischen Vorstellungen einbringen, Moralisieren ist verpönt. Ihre ästhetischen Vorstellungen können zu einer neuen Kultur – Gegenkultur zur Klinik – beitragen. Jeder und jede ist gefragt und kann sich ausleben.

Im Gegensatz zur »normalen« Bevölkerung mit ihren normativen/normierenden Blicken und Sanktionen tolerieren Selbsthilfegruppen zumeist ein gewisses Verrücktsein. Das Motto lautet: »Anything goes!« Alles ist möglich! Die einzig bislang abgesteckten Grenzen sind Gewalt gegen andere und gegen sich selbst, was aber bei den Nachtschwärmern bislang nicht in Erscheinung trat.

Selbsthilfe inmitten der Reformpsychiatrie

Es ist erschreckend und es widerspricht ganz und gar dem Geiste der Nachtschwärmer wie auch anderer Selbsthilfegruppen, aber auch dem Geiste der Reform, wenn in klassischen Lehrbüchern Psychiatrisierte wie folgt beschrieben werden: etwa schizophren Geistesgestörte: »Sie klettern herum, schlagen Purzelbäume, hüpfen über die Betten, klopfen zwanzigmal auf den Tisch, ... klemmen die Arme in möglichst verrenkter Stellung zwischen die Radiatoren der Heizung, *unbekümmert* (m.U.) um Brandwunden ...« (BLEULER 1969, S. 403–404). Oder depressive Geistesstörungen: »Sie liegen herum, bewegen sich nur wenig. Manchmal sprechen sie noch auf Anfragen, kaum mehr aber spontan, oft werden sie sogar autistisch, seltener ist *ein endloses, eintöniges Jammern.*« (ebd., S. 435)

Diese oben genannten Kategorisierungen berauben die Psychiatrie-Betroffenen jeglicher Selbstsorge; sie sollen sich um nichts kümmern, noch nicht mal um die eigenhändig zugeführten Wunden und sie sollen sich in keiner sinnvollen Weise mehr äußern. Bei meinen Besuchen in der, in den achtziger Jahren aufgelösten, Anstalt Kloster Blankenburg vor circa 25 Jahren habe ich teilweise solche Beobachtungen gemacht, aber es ist unbestritten, dass die Reformpsychiatrie das Bild der Psychiatrisierten gewandelt hat, denn die gemeindenahe psychosoziale Versorgung will ja die Betroffenen zu »Mitarbeitern« (Enquete 1975, S. 21) machen, zu Menschen, die zu ihrer Genesung mit beisteuern, und sie nicht nur verwahren, wie dies in Anstalten der Fall war.

M. Foucault spricht im Zusammenhang der reformerischen Umgestaltung des Menschen vom Wandel der Macht von der Repressivität hin zur Produktivität. »In Wirklichkeit ist die Macht produktiv, und sie produziert Wirkliches. Sie produziert Gegenstandsbereiche und Wahrheitsrituale: Das Individuum und seine Erkenntnis sind Ergebnisse dieser Produktion.« (FOUCAULT 1976, S. 250) Diese Analyse zeigt, dass auch die Psychiatrie-Erfahrenen eine Zeit des Umbruchs erfahren; abgesehen von den nach den Schutzmaßnahmen der Länder Zwangseingewiesenen – und diese Zahl scheint immer noch sehr hoch zu sein – bleiben sehr viele von diesen repressiven Machtstrategien unberührt. Eine große Anzahl Psychiatrie-Erfahrener erfährt nicht diese Form der Unterdrückung. Sie werden von den Macht-Wissens-Systemen der Psychiatrie als sich selbst erkennende Individuen produziert, d.h., sie erkennen, dass gewisse psychiatrische Praktiken der Diagnose und Behandlung in ihrem Sinne sind.

Die Transformation des Menschen in der gemeindenahen psychosozialen Versorgung ist eine Umgestaltung des Körpers. Dabei wird der Körper der Psychiatrie-Erfahrenen besetzt und bewertet, seine Kräfte werden verwaltet und verteilt. Diese am Körper schaltende Macht, die »ihre Körper ergreift, in ihre Gesten, ihre Einstellungen, ihre Diskurse, ihr Lernen, ihr alltägliches Leben eindringt« (FOUCAULT 1976a, S. 27), gewährt den Individuen das »Recht auf das Leben, auf den Körper, auf die Gesundheit, auf das Glück, auf die Befriedigung der Bedürfnisse, das ›Recht‹ auf die Wiedergewinnung alles dessen, was man ist oder sein kann« (FOUCAULT 1977, S. 173). Die produktiven psychiatrisierten Machtsysteme erzeugen bei den Psychiatrie-Erfahrenen ein Begehren nach störungsfreiem Leben und Wohlbefinden und sie lassen sich ein auf die psychiatrischen Diskurse und werden umgestaltet.

»Wenn Macht stark ist, dann deshalb, weil sie auf der Ebene des Begehrens positive Wirkungen produziert« (FOUCAULT 1976a, S. 94). Insbesondere auf der Ebene des Wissens will die Psychiatrie nicht länger Wissen verhindern, sondern sie will es hervorbringen und dem Psychiatrie-Erfahrenen, der auf der Suche nach dem Wissen über sich selbst ist, nahe bringen. Trialoge und Psychose-Seminare können bei dieser Suche hilfreich sein. Professionelle in der Praxis erkennen zunehmend, dass Heilung nicht gegen den Willen der Betroffenen möglich ist, sondern von ihnen mitgetragen werden muss. Auch wenn Mitarbeit impliziert, dass die Arbeit von Professionellen initiiert, gesteuert und kontrolliert wird und die Subjektivität der Betroffenen eine ihnen durch Therapeuten auferlegte ist, so sind doch innerhalb des Reformprozesses – im Gegensatz zur klassischen Psychiatrie der totalen Institutionen mit ihren völligen Unterwürfigkeitsverhältnissen – Momente der Selbstreflexionen möglich, die neue Selbstgestaltungspotenziale freisetzen könnten.

Nach Gesprächen im Nachtschwärmer-Projekt hat der Reformprozess in der Psychiatrie bei den Betroffenen zu einer Beschäftigung mit der psychosozialen Versorgung und mit sich selbst geführt. Das Begehren der Psychiatrie-Erfahrenen kann sich zufrieden geben mit dem durch Macht-Wissens-Systeme erzeugten Wissen, es kann jedoch auch umschlagen in eine Auseinandersetzung mit dem Wissen und der Macht. Das grenzüberschreitende Begehren leitet das »Ende der Philosophie der Repräsentation« (DELEUZE/FOUCAULT 1977) ein, d.h., das psychiatrische Personal sollte nicht länger für die Betroffenen sprechen, sie vertreten wollen oder etwas für sie zu tun beabsichtigen. Es kommt zum Sprung, Tanz, zum äußersten Abseits, zu einer gespannten Dunkelheit, zu einer neuen Tat (ebd., S. 10).

Das Ende der Repräsentation impliziert in der Psychiatrie, dass der Betroffene seinen Sorgen um sich selbst nachgehen kann und er in seinen Rehabilitationsversuchen Experte seiner selbst ist. Für den Betroffenen heißt das, dass die »biografische und situative Identität sowie die aktuellen Interessen der Betroffenen möglichst umfassend wahrgenommen« (RPDK 1997, S. 1) und dass Reformen im Gesundheitswesen nur gemeinsam mit den Betroffenen als Experten ihrer selbst erreicht werden können (KRAUSE-GIRTH 1991, S. 57).

Es darf nicht verkannt werden, dass Selbsthilfe im psychiatrischen Kontext eine »philosophia differentiae« bleibt und damit der Philosophie der Repräsentation der Boden entzogen wird. Die Einbindung der Selbsthilfe in den psychiatrischen Zusammenhang darf nie die Gefahr heraufbeschwören, Selbsthilfe zu einem Teil der Expertenkultur mit den entsprechenden Zielsetzungen, Zweckausrichtungen, Gesetzmäßigkeiten, Verbindlichkeiten und Sachzwängen werden zu lassen. Die siebziger Jahre des 20. Jahrhunderts erinnern uns an die Vereinnahmung radikaler Selbsthilfegruppen durch die Reformpolitik und demonstrieren, wie »Differenz« in »Systemlogik« übersetzt werden konnte. Davor sollten sich die diversen Selbsthilfegruppen hüten, sonst könnte die Selbstrepräsentation schnell verloren gehen.

Die Zukunft der sich um sich selbst sorgenden Betroffenen

Entgegen den von I. ILLICH (1979; 1995) geäußerten Befürchtungen, dass die Expertokratie zur Entmündigung der Betroffenen führe und dass die Expertenkultur das Selbsthilfepotenzial zerstöre, haben Selbsthilfegruppen im psychosozialen Bereich uns eines anderen belehrt. In ihrer Sorge um sich selbst lassen die Selbsthilfemitglieder nicht mehr alles mit sich machen. Sie leisten in ihrer Selbstsorge Widerstand gegen die psychiatrische Macht. Sie wollen Kontrolle über ihr eigenes Leben ausüben und ihre Zukunft selbst gestalten. Sie konzipieren sich zunehmend als eigene Experten in Krisensituationen, was in letzter Zeit auch tendenziell von Professionellen anerkennend gewürdigt wird (PETZOLD 1991; THIEL 1987, S. 109). Es erweckt Hoffnung für die Zukunft, wenn bei den diversen und verschiedendsten Selbsthilfetätigkeiten (von der Selbstorganisation bis hin zur Selbstverwaltung, von der Beratung über die Vielfalt der Beziehungsarbeit bis hin zu künstlerischen Ausdrucksformen) die Menschen mit Psychiatrie-Erfahrung die an die Experten delegierten Probleme zurückholen und die durch klinische Sozialisation verschütteten Ressourcen wieder aktivieren, um dadurch Selbstsorge – die Lebensader der Selbsthilfe – zurückzugewinnen.

Selbsthilfe: ein psychosoziales Ökosystem

Im heutigen ökologisch ausgerichteten Denken verstehen wir auch Selbsthilfegruppen zunehmend als ökologische Systeme. Grundlage dieses Denkens ist, dass die Psychiatrie-Erfahrenen auf Grund der Sorge um sich selbst etwas aus sich selbst heraus entwickeln können und sie nicht von oben oder von außen gesteuert werden müssen, um handlungsfähig zu werden, wenngleich sie, wie viele andere Gruppen, unterstützungsbedürftig sein mögen. Selbsthilfen sind autopoietische (sich selbst schaffende und erhaltende) Systeme mit stabilen wie instabilen Wirkungen, Steuerungseffekten und Entwicklungsprozessen.

Psychiatrie und Ökologie

Im Begriff »Ökosystem« werden die evolutionären Konzepte der Biologie auf soziale Systeme übertragen, d.h., soziale Systeme werden von Sozialökologen als »lebende Systeme« oder als »eine Art Organismus« konzipiert (BATES 1997). Während tote Systeme geschlossene Kreisläufe darstellen, ist es das Wesen lebender Systeme, dass sie vom Leben durchdrungen sind, ihre soziale Welt sich als von Leben erfüllt (als Lebenswelt) manifestiert, sie sich an die Umwelt anpassen und sich verändern können und daher als »offene« Systeme charakterisiert werden. Mit dem Begriff »Organismus« sollen die Komplexität des Ökosystems und seine ihm innewohnenden Überlebensstrategien zum Ausdruck gebracht werden, obwohl einschränkend konstatiert werden muss, dass Organismen altern und zu Grunde gehen, Ökosysteme jedoch nicht; sie bleiben erhalten, indem nur die Individuen, die in ihnen leben, wechseln.

Lebende Systeme sind nicht nur durch Komplexität, sondern auch durch die, das Leben kennzeichnende, Ungewissheit geprägt, was eine gewisse Flexibilität, Unterschiedlichkeit (Diversität), Anpassung (Adaption) und vorausschauendes Handeln (Antizipation) beinhaltet, statt purer exakter Prognose und Kontrolle. Komplexe offene Systeme können zur Schließung neigen, ohne voll und ganz geschlossene Systeme zu werden. Die Psychiatrie ist ein Beispiel dieser Art sozialer Systeme. Seit ihrer Etablierung Ende des 18. Jahrhunderts bis ungefähr zur Mitte des 20. Jahrhunderts hinein hat sie Macht-, Wissens- und Ordnungssysteme entwickelt und Organisationsstrukturen aufgebaut, die »den Wahnsinnigen« als Störfaktor reglementieren und steuern. Der Wahnsinn wurde in Anstalten und von der Medizin verarbeitet.

Nun konnten aber selbst die Verbarrikadierung in Anstalten, die Abriegelung der Diskurse und die vielfältigen Unterwerfungsverhältnisse aus der Psychiatrie kein totes, einem Uhrwerk-Mechanismus entsprechendes soziales System machen. Das Leben der Wahnsinnigen konnte nicht auf unlebendige Formen reduziert werden. Immer wieder wurde das Anstaltsleben in seinem reibungslosen Ablauf durch bestimmte nicht zu beherrschende Verhaltensweisen unterbrochen, die der Anstaltsleitung die Botschaft mitteilten, dass die Insassen keine toten Objekte sind. Die Geschichte lehrt uns die Verunmöglichung, lebende soziale Systeme auf tote soziale Systeme zu reduzieren. Es bleibt trotz aller Versuche ein Rest an Leben, der nicht planbar und programmierbar ist. Die gegenwärtige psychosoziale Versorgung hat sich zu dieser Erkenntnis geöffnet. Es werden in der Reformpsychiatrie Diskurse über Ökopsychiatrie (ANDRESEN 1992) geführt.

Das vom medizinischen Modell bestimmte psychiatrische System entspricht dem modernen Denken des Herrschens und Beherrschens, dem kolonisierenden Paradigma. Nicht nur die Natur, sondern auch fremde Völker werden unterworfen wie Frauen im patriarchalen System oder Kinder in einem von Erwachsenen bestimmten System der Erziehung. Dieses System kolonisierte jahrhundertelang die Alltagswelt Wahnsinniger; und statt sozialökologischer wie auch kulturökologischer Vielfalt, Heterogenität und Biodiversität zu fördern versuchte es, die lebenden menschlichen Systeme auf einen Typus zu reduzieren. Das »normale« Leben und nicht die Vielheit abweichender anderer Verhaltensweisen wurden zum Maßstab und zur Legitimierung psychiatrischer Interventionen. Statt der Üppigkeit menschlichen Seins zu frönen und Differenzen und Ähnlichkeiten einfach zu beschreiben bzw. so sein zu lassen, hat sich das psychiatrische System eine Logik der Dominierung einverleibt, d.h. eine Argumentationsstruktur, die zur Rechtfertigung der Unterordnung und Unterwerfung führt, was sich am besten in dem modernen Subjekt-Objekt-Verhältnis manifestiert.

Gekoppelt mit einem Wertdualismus (gut/schlecht) und einem werthierarchischen Denken (das Oben hat höheren Wert als das Unten) entwickelt die Psychiatrie ein logozentrisches System des reduktionistischen Einheitlichen. Mit Hilfe einer sozialtechnischen Methodologie wird das werthierarchische Denken umgesetzt zum Nachteil einer sozialökologischen, variablen Biodiversität, die nur dann erreicht werden kann, wenn die geschlossenen psychiatrischen Diskurse der Vielfalt weichen, wenn wir uns auf eine Welt hinbewegen, in der, wie die Ökofeministin K. WARREN (1998, S. 340) es formuliert:»Difference does not breed domination.«

Die vom medizinischen Modell bestimmte Psychiatrie hat sich in der Gegenwart in eine multiforme, multidisziplinäre und multiprofessionelle psychosoziale Versorgung verwandelt. Sie öffnet sich in vielfältiger Weise anderen Professionen, Diensten und Praktiken (auch Selbsthilfepraktiken). Viele gemeindenahe regionale Dienste sollen aufgebaut oder unterstützt werden, ebenso die Selbsthilfekultur, was zu immer größerer Vielfalt (Biodiversität) führt.

Biodiversität der Selbsthilfekultur

Im Gegensatz zu einem System, das danach strebt, die Differenz in der sozialen Welt zu dominieren, sprich zu kolonisieren, also mit der Folge, dass die Vielfalt menschlicher Lebenswelten immer mehr auf wenige Typen reduziert wird, verfolgen die meisten Selbsthilfegruppen die entgegengesetzte Zielsetzung: Sie wollen das, was man Biodiversität nennt. Ihr Motto ist, Heideggers Denken entsprechend, das »Seinlassen«. Das heißt, die in der Selbsthilfegruppe teilnehmenden Individuen dürfen so sein, wie sie zurzeit sind; die Teilnehmer brauchen sich nicht erst zu verändern, um Teil der Gruppe werden zu können. Sie können ihre exzentrischen, bizarren, seltsamen, abstrusen Verhaltensweisen als eine spezifische Form ihrer Lebendigkeit beibehalten, solange sie nicht anderen gegenüber dominierend oder gar gewalttätig werden. Auf diese Weise öffnet sich die Selbsthilfegruppe der Vielfalt wahnsinniger, menschlicher Verhaltensweisen und zeigt

Gelassenheit. Sie wollen nicht beherrschen, nicht ver-kranken und nicht be-handeln.

Selbsthilfeinitiativen bieten strukturell gesehen einen pluralistischen Rahmen, in dem die Schwerpunkte einerseits auf Diversität und Differenz und andererseits auf Gemeinschaftliches und Gemeinsames gelegt werden. Diese Vielfalt zu akzeptieren bedeutet nicht Gleichgültigkeit oder Desinteresse gegenüber den Teilnehmenden – das würde auch ganz und gar den Zielsetzungen der Selbsthilfegruppen widersprechen, die ja Menschen in Krisen auffangen wollen. Das heißt im ökologischen Sinne: die Krise nicht von außen für den anderen zu bestimmen, nicht ein diagnostisches Werkzeug für die Krisenbearbeitung bereitzustellen, dem sich der Betroffene zu unterwerfen hat, oder ihm gar allwissend den Weg aus der Krise zu zeigen.

Sich auf die Krise einzulassen heißt sozialökologisch, sich auf das einzulassen, wie und was *der Betroffene* einbringen will und wann er es einbringen will. Das Selbst des Betroffenen ist sozusagen selbstorganisatorischer und kommunikativer Art, kreativ und relational; es macht sein konstitutives Wechselspiel mit dem anderen deutlich. Es gilt, ihn selbst sich äußern zu lassen und offen für seine Botschaften zu sein. Manchmal will er als gesellschaftlich Vereinsamter einfach den Geist der Gemeinschaft fühlen, zuweilen will er mit anderen etwas unternehmen, hin und wieder will er, wenn er sich in der Gruppe akzeptiert fühlt und ihm Empathie entgegengebracht wird, alltagsweltliche Probleme mit Personen besprechen, die ähnliche Erfahrungen gemacht haben. Gelassenheit ist ein wesentliches Merkmal sozialökologisch ausgerichteter Gruppenformationen und sie bildet einen Gegensatz zu der Raserei moderner, sozialtechnischer Systeme, die, um effizient zu sein, keine Zeit zu verlieren haben.

In einer biodiversifizierten Selbsthilfekultur ist es wesentlich, offene Kommunikationsformen zu wahren und auf vielen Ebenen (»multilevel«, BATESON 1987) zu kommunizieren. Dies trägt dazu bei, eine gesunde Balance zwischen Ordnung und Veränderung aufrechtzuerhalten sowie die Selbsthilfegruppe in ihrer Stabilität und Flexibilität zu wahren. Diese »Multilevel«-Kommunikationen tragen zur Diversität bei.

Da Kommunikation in einer Selbsthilfegruppe nicht von oben Stehenden beherrscht wird, die die anderen zur Sprachlosigkeit verurteilen, da weder Monopolisierung noch Monologisierung die sozialen Verkehrsformen darstellen, kann diese Gleichheit bzw. Gleichstellung zu kommunikativem Empowerment führen. Eine Störung des kommunikativen Gleichgewichts kann enorme Störungen in der Gruppe verursachen und den Erhalt der Gruppe aufs Spiel setzen. Die Selbsthilfegruppe hat Ähnlichkeiten mit einem Rhizom (siehe dazu DELEUZE/GUATTARI 1992). Dieses ist ein nicht-zentriertes, nichthierarchisches System ohne einen General und ohne einen Automaten und wird nur durch seine Zirkulationszustände definiert. Das wesentliche Prinzip des Rhizoms ist das unvorhersehbare Miteinander-verwobensein, die nicht berechenbaren Konnexionen (Verbindungen) und die Multiplizität, die nicht in Subjekt und Objekt unterscheiden. Wie das Rhizom ist die Selbsthilfegruppe ein selbsttransformatives Kreativitätsprinzip, das unendlich viele Verästelungen ermöglicht – ein wahrlich offenes, selbst-generatives System.

Selbstorganisiertes System als Autopoiese

Am Beispiel der Nachtschwärmer ließ sich exemplarisch zeigen, wie sich Selbsthilfegruppen selbst erschaffen, sich selbst erhalten und sich, in den für ihre Struktur angemessenen Prozessen, selbst entwickeln. Ökologen sprechen in diesem selbstorganisierenden und sich selbst erhaltenden Zusammenhang von *Autopoiese* (einem aus der Systemtheorie stammen-den Begriff) – wörtlich das Sich-selbst-Hervorbringen, Sich-selbst-Schaf-fen (MINGERS 1995, S. 120 ff.). Die Autopoiese ist ein Charakteristikum und eine Bedingung von Autonomie und Selbstreferenz. Sie hat ihr eige-nes Netzwerk von Werten und von Vorstellungen, wie sich die selbst ge-schaffene Struktur entwickeln soll und wie sie überlebensfähig bleiben kann. Die beste Überlebenschance scheint die permanente Selbstorgani-sation zu haben, die ständig mit Hilfe von Kommunikationsflüssen Sinn-zusammenhänge produziert und sich dadurch reproduziert. So hat die Selbsthilfegruppe eine ständige Daseinsberechtigung und die gemeinsa-men Sinnstrukturen sind auch intersubjektive, Konsens bildende Elemente.

Autopoietische ökologische Ideen haben viel gemeinsam mit gegenwär-tigen postmodernen Ideen (WHITE 1998). Biodiversität oder die multiplen, diversen Beziehungsformen unter Lebewesen fußen auf der generati-ven Idee der Differenz (DERRIDA 1985), wobei das Öko-Logische in der Postmoderne durch das Para-Logische (LYOTARD 1986) ergänzt wird. Die Para-Logik liegt außerhalb des vereinheitlichenden logozentrischen Den-kens. Das »Danebenliegen«, das sich außerhalb herrschender Sinnstruk-turen Befindende und daher in diesen keinen Sinn Ergebende, wie dies im Wahnsinn zum Ausdruck kommt, bildet den fruchtbaren Boden eines neuen kreativen Prozesses, wie dies zum Beispiel in G. Batesons para-logischem Syllogismus »Menschen sterben – Gras stirbt – Menschen sind Gras« zum Ausdruck kommt. Er widerspricht in seiner Form ganz und gar der von Aristoteles entwickelten Logik des Syllogismus »Menschen sind sterblich – Sokrates ist ein Mensch – Sokrates ist sterblich«.

Während Aristoteles und so auch die moderne Logik eine Hierarchie im Syllogismus erzeugen, wobei eine Klasse der anderen untergeordnet wird, schafft der paralogische Syllogismus Batesons keine Hierarchie (keine Klassen), sondern ein Denken im Analogen und in Metaphern. Der Syllogismus Aristoteles' und das moderne logozentrische psychiatrische Denken sind Versuche, jegliches Wissen in ein System einzubinden und somit eine Zentralität der Struktur zu entwickeln, was wiederum dazu führt, dass alle Phänotypen eine logische Hierarchie (und damit Macht) auferlegt bekommen. Paralogische Denkstrukturen können Formen eines neuen kreativen Prozesses werden, der die modernen Grenzziehungen zwischen normalem Denken und abweichendem Denken, zwischen sinnvollem und sinnleerem (-losem) Denken aufzubrechen und zu überschreiten versuchen.

Auch die Reformpsychiatrie versucht zunehmend, verfestigte Denkstrukturen und institutionelle Gegebenheiten aufzubrechen und Selbsthilfekultur zu fördern. In den letzten Jahren hat sich Selbsthilfe immer mehr zu einem eigenständigen System der psychiatrischen Versorgung entwickelt und die psychiatrische Kultur verändert. Es scheint, als ob man historisch nicht mehr darum herumkommt, Selbsthilfe zu akzeptieren, dass sich psychiatrische Hilfe entsprechend fortzuentwickeln hat und dass der Selbsthilfe auch hinreichend Ressourcen, insbesondere finanzielle, zur Verfügung gestellt werden müssen.

Die Selbsthilfegruppe zwischen Ordnung und Chaos

Bei Selbsthilfegruppen gibt es zumeist keine geradlinigen Entwicklungen, sondern die Prozesse verlaufen in Kreisen oder wellenförmig, geplante Ursachen haben häufig nicht die erwünschten Wirkungen, nicht vorhersehbare Ereignisse können oft gravierende Folgeerscheinungen haben, die weder prognostizierbar noch kontrollierbar sind und nicht selten der ganzen Organisationsstruktur einen verheerenden Tiefschlag verpassen. Wie sehr wünscht man sich in einer solchen schwierigen Situation eine Einfluss- und Steuerungsmöglichkeit. Doch die Vorstellung von exakter Prognose und Kontrolle ist und bleibt eine moderne Illusion. Die Chaos-Theorien lehren uns, dass es die für die Prognose und Kontrolle notwendige Geradlinigkeit eben nicht gibt.

Die soziale Welt ist, wie bereits im Kontext der Dekonstruktion von Normalität und Abweichung und der Konstruktion lebendiger Systeme erörtert, ein »Chaosmos« – eine Kombination von Chaos und Kosmos, Unordnung und Ordnung (siehe TSOUKAS 1998). Immer wieder machen Selbsthilfegruppen die Erfahrung, dass sie genau festgelegte, an alle Teilnehmenden verschickte Tagesordnungen haben, doch das komplexe offene System der Selbsthilfe mit der Multilevel-Kommunikation und der Diversität macht es ständig notwendig, Ziele zu verändern, Pläne abzuändern, Projekte umzugestalten. Diverse Konstruktionen mit viel Eifer und Gestaltungsdrang, die zu starken Interaktionen führen (SMITH 1992), prallen aufeinander, was zu unvorhersehbaren Folgen führen kann.

Die nichtlinearen, dynamischen Zickzackbewegungen bringen trotzdem Ordnung zurück – eine Ordnung, die vom Chaos, von der Unordnung durchwühlt wurde. Aber wie F. MASTERPASQUA und P. PERNA (1997) zurecht feststellten, sind Unvorhersehbarkeit und Instabilität intrinsische Bestandteile komplexer Systeme und wesentliche Voraussetzungen für jeglichen Entwicklungsprozess. Chaos (bzw. Unordnung) wird als ein gesundes und essenzielles Element des kreativen Prozesses betrachtet, ohne das keine neue Ordnung möglich ist, eine Entwicklung, die wir immer wieder bei den Nachtschwärmern beobachtet haben. Die Verzweiflung über die chaotische Gruppensituation weicht am Ende oft der freudigen Wahrnehmung, dass sich doch alles wider Erwarten heilsam entwickelt hat, dass die Unordnung neue Perspektiven und Zielsetzungen eröffnet hat. Eine gewisse Gruppenselbsterneuerung wird erfahren.

Zweifelsohne würde der Wandel von einem offenen zu einem geschlossenen System oder zu einem, das zur Schließung neigt, die internen Gruppenbeziehungen vorhersehbarer und planbarer machen, was durch eine Vielzahl von Regeln und anderen Kontrollmaßnahmen oder sonstigen Formalien herbeigeführt werden könnte, doch eben eine solche Schließung würde das Ende der Selbsthilfemorphogenese, die Finalität des psychosozialen Ökosystems bedeuten.

Selbstkorrektiver Kreislauf

Ein offenes, nicht durch Maßregeln gesteuertes komplexes System bedarf des ständigen Kommunikationsflusses. Um ein ökologisches Fließgleichgewicht in der Selbsthilfegruppe zu bewahren, ist ein ständiger Informationsaustausch unumgänglich.

Information ist das Was der Kommunikation. Dieses Was ist nicht etwas objektiv Gegebenes, sondern ein von den Betroffenen wahrgenommenes, interpretiertes und konstruiertes Material und kann dadurch zu Mehrdeutigkeiten und Widersprüchlichkeiten führen, was wiederum Zündstoff für interne Gruppenauseinandersetzungen bedeutet. Sowohl der Informationsfluss als auch die Vermittlung von Botschaften sind wesentliche Merkmale autopoietischer Systeme. Eine Informationskontrolle oder eine monopolistische Deutung der Informationen würde zur Abschließung des

Selbsthilfesystems beitragen, was einerseits Stabilität und Ordnung, aber andererseits die Schließung des komplexen, offenen, autopoietischen, sich selbst schaffenden Ökosystems bedeuten würde.

Evolution im ökologischen Sinne impliziert interne Selbstkorrekturen und keine Eingriffe von außen. Solche selbstkorrektiven Kreisläufe können jedoch nur dann Erfolg versprechen und einen evolutionären Schub auslösen, wenn kommunikative Offenheit und Gleichheit bestehen und wenn es keine Huldigungen universal gültiger, vermeintlich rationaler Wahrheiten gibt, denn dieselben sind stets auch Hindernisse für einen Kommunikationsfluss.»Polyvokalität« ist ein zentrales Merkmal eines sich entwickelnden psychosozialen Ökosystems. Dieser Begriff meint die vielfältigen, subjektiven»Sprachen« und Sichtweisen bzw. die Vielfalt der Perspektiven des»anything goes« und der damit verbundenen These – wie sie bei P. Feyerabend zum Ausdruck kommt –, dass keine Aussage so sinnlos ist, dass sie nicht diskutiert werden sollte, denn postmodern gesehen gibt es ja keinen absoluten Wertmaßstab.

Das zweite Merkmal ist das Prinzip der Verhandlung an Stelle eines Oktrois (Durchsetzung durch Macht). Da es kein absolutes Wissen darüber gibt, was für die Selbsthilfegruppe am besten sein könnte und was evolutionär sinnvoll und angemessen sein sollte, muss im sozialen System ständig verhandelt werden, um einen Konsens zu erreichen, der jederzeit von Dissens durchlöchert und erneut in Frage gestellt werden kann. Dissens und Chaos können wiederum zur morphogenetischen Entwicklung oder zu einer Revitalisierung beitragen. Ein Selbsthilfesystem kann sich also selbst korrigieren, wenn ihm die Chance dazu gegeben wird und wenn es selbst die Korrektur zulässt. Diese Selbstkorrektur trägt zur Lebens- und Überlebensfähigkeit der Selbsthilfegruppe bei und dient damit dem Wohl aller am Projekt Beteiligten.

Selbsthilfe: ein postmodernes Phänomen

Abschließend möchte ich Selbsthilfe als einen Ansatz postmodernen Denkens darstellen, denn es ist die Postmoderne als eine kritische Sichtweise moderner Wissenschaften, Institutionen und Professionen, die den Weg für Selbsthilfekulturen geebnet hat. Die folgenden Reflexionen lassen sich dabei nicht nur auf Selbsthilfegruppen im psychosozialen Versorgungsbereich beziehen, sondern auch auf andere Bereiche der Medizin, Sozialarbeit, Wirtschaft, Ökologie etc. übertragen.

Postmoderne Dekonstruktion

Dekonstruktion ist eine poststrukturelle Methode und deckt die dem Denken, den Entscheidungen, den Urteilen, dem Handeln zu Grunde liegenden Annahmen auf und stellt sie in Frage. Sie ist nicht nur eine Analyse oder Kritik, sondern eine innerhalb eines Kontextes praktizierte Tätigkeit, die feste oder verfestigte Strukturen aufzulockern bzw. aufzubrechen versucht. Totalisierende Diskurse verlieren dadurch ihre Dominanz, was auch die großen psychiatrischen Theorien über Krankheit und Behandlung betrifft. An die Stelle der »modernen« Totalität tritt die »Differenz« und sie kann die Subversion einer jeden Ordnung anstacheln (DERRIDA 1985). Nach G. BATESON (1985) ist eine Differenz, die eine Differenz ausmacht, eine Idee; und Ideen be- und hinterfragen etablierte Wissenschaften, Institutionen und Praktiken. Alle Menschen – und nicht nur Intellektuelle – können eine Differenz in der Kultur bewirken und somit zur Veränderung bestimmter Sachverhalte beitragen. Gerade Diskurse individueller Selbsthilfen oder von Selbsthilfegruppen können solche enttotalisierende Differenz-Bewegungen, d.h. Alternativen zur etablierten Expertenkultur der modernen, psychosozialen Versorgung sein. Die Postmoderne setzt sich mit den modernen Macht- und Wissenssystemen auseinander, legt diese offen und entwickelt unterschiedliche Widerstandsformen, um dadurch »unterwürfige« Wissensformen freizusetzen.

In der Postmoderne wird aber auch versucht, die Kategorie Macht aus dem modernen politisch-jurisdiktionellen Kontext herauszulösen und, F. Nietzsche folgend, Macht als »schöpferischen Trieb« (NIETZSCHE 1967– 1977) zu konzipieren. Macht wird zur Schaffens- und Gestaltungskraft und trägt zur Ästhetisierung der Lebenswelten bei. Für die Selbsthilfe wird Macht somit die Macht der Möglichkeiten. Die Dekonstruktion der modernen Wahrheit impliziert, dass es keine absolute oder universelle Wahrheit, keine für alle Epochen gültigen »Meta-Erzählungen« (LYOTARD 1986) gibt, wozu auch Theorien gehören wie das DSM-IV oder die ICD-10. Sie sind, philosophisch betrachtet, fragwürdig geworden.

Nach R. Rorty ist alles in der Welt kontingent, zufällig, es ist nicht notwendigerweise so, wie es ist bzw. scheint, alles könnte auch ganz anders sein (RORTY 1989). Auf die Psychiatrie bezogen heißt das, dass die psychiatrischen Klassifikationssysteme, die medizinisch zentrierte Behandlung, stationäre Versorgungsstrukturen u.a. allesamt kontingenter Natur sind; sie sind historisch-kulturell unter bestimmten Bedingungen entstanden, was nicht besagt, dass sie so sein müssen und so fortgeführt werden müssten. Der Umgang mit »Irren« könnte ohne weiteres ein nichtpsychiatrisches, pädagogisches, psychologisches, soziologisches Problem der Experten sein.

Aber warum sollte es überhaupt ein Problem der Professionellen oder Spezialisten sein und bleiben? Vielleicht wäre das Problem des Wahnsinnigen eben doch viel besser eine Angelegenheit der Betroffenen selbst. Möglicherweise kann ein Nicht-Betroffener sich gar nicht einfühlen in die nicht rational-logischen Gesetzmäßigkeiten entsprechenden Erfahrungswelten – ein ausführlicher Versuch des Einfühlens ist Th. Bocks Buch *Lichtjahre* (1998).

Erscheint es nicht zunehmend plausibel, dass die großen psychiatrischen Theorien über die Krankheit des Wahnsinnigen uns die Unwahrheit verkündet haben oder zumindest nur einen kleinen Teil der »Wahrheit« verstanden haben? Muss nicht, der Postmoderne entsprechend, ein großes Umdenken erfolgen? Sind lokale, situationsgebundene, kulturelle Erkenntniswunder nicht die einzig möglichen Wissensformen? Bieten Selbsthilfen nicht die besten Möglichkeiten, mit Hilfe von gemeindenahem, lebensweltlich-alltäglichem Erfahrungswissen perspektivisch sinnvolle Wahrheiten im Umgang mit den Irrenden zu entwickeln?

Ein weiteres zu dekonstruierendes Element ist das der Vergegensätzlichung von Subjekt und Objekt, Experte und Laie, Gesunder und Kranker, Normaler und Abweichender. Die Sprache, die dazu dienen soll, Sachverhalte zu begreifen, begreift sie, indem sie sie begrenzt. Es werden immer noch Grenzen gezogen zwischen dem So-Sein und dem Anders-Sein, obwohl doch die Grenzen in der Gegenwart zunehmend unscharf geworden sind. Müssen wir dem nicht endlich entschiedener Rechnung tragen? Der Cartesische Dualismus, der davon ausgeht, dass das eine dem anderen diametral entgegengesetzt ist, das eine mit dem anderen überhaupt nichts zu tun oder mit ihm gemeinsam hat und klare Grenzen der Einschließung und Ausschließung zieht, gerade das wird vom postmodernen Denken immer mehr in Frage gestellt. Genau diese festgefügten Begrifflichkeiten will die Postmoderne auflockern bzw. aufbrechen. Zum Zweck der Entgrenzung und Entgegensätzlichung bedarf es neuer, offener, auf Kontinuität beruhender Begriffe; es bedarf einer neuen Sprache (WITTGENSTEIN 1971).

Aber kann eine Wissenschaft, wie N. Luhmann argumentiert, überhaupt auf die Konzepte »Normalität« oder »Gesundheit« verzichten, wenn sie als Standard- oder Bezugspunkte, auf die sich Wissenschaftler beziehen, gelten (LUHMANN 1991)? Sind sie nicht unentbehrlich für das Maßnehmen, Klassifizieren und Evaluieren? Postmodern gesehen muss ein neues, grenzüberschreitendes Paradigma, das jenseits von normal – abweichend, gesund – krank liegt, entwickelt werden, was anderen lebensweltlichen Umgangsformen mit »Wahnsinnigen« entsprechen würde.

Die postmoderne These der Entgegensätzlichung

Da es nach der Postmoderne keine absolute Wahrheit gibt, wie F. Nietzsche es schon vor über hundert Jahren formulierte, können nie eindeutige Grenzziehungen für Begriffe vorgenommen werden; vielmehr müssen sie stets offen bleiben, weil es noch sehr viel mehr dazu zu sagen gebe und gibt. Nach J. DERRIDA (1985) sind daher die von uns gebrauchten Begriffe »unvollständig«.

Die postmoderne Welt ist durch Vielfalt, Offenheit und Differenz gekennzeichnet. Es gibt keinen Platz für Vergegensätzlichungen. Übertragen auf Vernunft und Unvernunft, Normalität und Abweichung, Gesundheit und Krankheit impliziert das die postmoderne Ablehnung der sich durch die moderne Geschichte hindurchziehenden absoluten Grenzziehungen. Weder treffen wir in unserer Alltäglichkeit auf eine festgelegte, absolute Normalität noch auf einen festgefügten, universell gültigen Wahnsinn. Vielmehr öffnet sich ein vielfältiges Spektrum der Normalität, wie auch des Wahnsinns, in der Lebenswelt. Diese postmoderne Vielheit und Vielfalt sollte auch ermöglichen, dass es Ähnlichkeiten, vielleicht sogar Gemeinsamkeiten zwischen dem Wahnsinn und der Normalität gibt.

Der Begriff »Normalverhalten« ist, postmodern gesehen, kein einheitliches Konzept bestimmter Verhaltensweisen, sondern beinhaltet schon Vielfalt, Offenheit und Differenz. Das Plurale ist das Normale! Wird Normalität so gesehen, dann dürfte es wahrscheinlich gar nicht schwierig sein, das Wahnsinnige und das Normale als etwas Hybrides zu konzipieren, beide wären dann vom jeweils anderen durchdrungen. Gibt es im postmodernen Zeitalter im Gegensatz zur klar umgrenzten Moderne normal-offenes, -vielfältiges und -differentes Verhalten, so dürfte es auch abweichend-offenes, -vielfältiges und -differentes Verhalten geben. Wird der eine Pol aufgeweicht, warum sollte nicht Ähnliches für den anderen Pol gelten?

Übertragen wir das Denken der Chaosforschung (CRAMER 1985), nach der es in keinem lebendigen System eine absolut feste Ordnung bzw. Unordnung gibt, sondern Mischformen von beiden (man spricht etwa von einem »Chaosmos«, siehe TSOUKAS 1998), auf die psychosoziale Versorgung, dann wäre zu fragen, ob nicht aus der Chaosforschung im Hinblick auf Psychosen abgeleitet werden kann, dass jede Unordnung auf einer höheren Ebene Ordnung darstellt, somit argumentiert werden kann, dass Psychosen ihrer eigenen Logik folgen.

Nach neueren Entwicklungen in den Gesundheitswissenschaften, die auch auf die psychosoziale Versorgung übertragen werden könnten, ist die absolute Krankheit mit Tod gleichzusetzen, genauso wie eine absolute Gesundheit identisch wäre mit Vollkommenheit (denn sie würde ein vollkommenes Wesen beinhalten, das sich uneingeschränkt physisch, psychisch und sozial wohl fühlt). Es gibt jedoch in der Realität lediglich Mischformen von Gesundheit und Krankheit. Statt deren Vergegensätzlichung werden in der Salutogenese-Forschung die Begriffe »Gesundheit« und »Krankheit« in einem Kontinuum wahrgenommen (ANTONOVSKY 1987; Bundeszentrale für gesundheitliche Aufklärung 1998). Im Englischen klingt das dann so:

health – ease – disease

Mit dem zwischen den beiden absoluten Polen liegenden Begriff »ease« wird auf der einen Seite Krankheit (disease) relativiert (ein »Entkrankungsprozess« wird eingeleitet) genauso wie auf der anderen Seite der Begriff Gesundheit (health) relativiert wird (ein »Entsundungsprozess«).

Übertragen wir die salutogenetische Denkform auf die Begriffe »Normalität« und »Abweichung«, dann könnte das Kontinuum so aussehen:

Normalität – Normenweichung – Abweichung

Der Begriff »Normenweichung« würde den Übergang zwischen den absoluten Polen Normalität und Abweichung markieren und soll dabei anzeigen, dass Normen und mit ihr Normalität weicher, aufgeweichter, flexibler werden und damit ihre Steifheit und starre Verbindlichkeit verlieren. Der absolute Gegenpol Abweichung wäre dann erreicht, wenn die Normen so stark aufgeweicht würden, dass überhaupt kein Normenbezug mehr besteht. Dieser Zustand würde in etwa dem von Hobbes konzipierten Naturzustand entsprechen, in welchem es absolut keine verbindlichen Normen gibt und Gefahr und völlige Unsicherheit dominierend sind. In der Terminologie Freuds wäre dieser Mensch ohne jegliches Über-Ich, er wäre ein seinen Triebansprüchen total Unterworfener. Andererseits würde der Begriff Normalität in seiner Totalität die Triebansprüche auf null Prozent reduzieren und die der gesellschaftlichen Diktate auf hundert Prozent erhöhen. Wäre aber ein solch uneingeschränkt gesellschaftlich angepasster Mensch nicht wie eine Maschine? Ginge da nicht jegliche Lebendigkeit, Spontaneität verloren? Nach der Chaosforschung gibt es solche Menschen nicht, denn jedes lebende System trägt eine gewisse Unordnung, ein bestimmtes Maß an Chaos in sich.

Interessant erscheint mir auch, dass unsere moderne Sprache kein Mittelding in der Dichotomisierung zwischen Vernunft und Unvernunft oder dem Vernünftigem und dem Unvernünftigen kennt. Es gibt nichts zwischen den totalisierenden Vorsilben »Ver« und »Un« – keine Nunft, kein Nünftiges. Ist die Sprache, wie es M. HEIDEGGER (1986) formuliert, das Haus des Seins, oder ist die jeweilige Sprache, wie L. WITTGENSTEIN (1971) es treffend formuliert, eine Widerspiegelung der alltäglichen Lebenspraxis, dann prägen Gegensätzlichkeiten, Entgegensätzlichungen immer noch sehr stark die gegenwärtigen Gesellschaften. Diese historisch tief verwurzelten, modernen Sprach- und Denkformen können nur durch eine andere Lebenspraxis modifiziert werden. Auch Teilen der Reformpsychiatrie geht es darum, Gegensätze von Gesundem und Krankem durch neue alltagsweltliche, soziale und kulturelle Lebenspraktiken zu verändern.

Die Aufweichung der Gegensätze geht längst in der Frauenbewegung, in Jugendbewegungen, in der Homosexuellenbewegung, der Selbsthilfebewegung, um hier nur einige zu nennen, vonstatten.

Zweifelsohne wäre es das Beste, auf die Begriffe »Normalität« und »Abweichung« ganz und gar zu verzichten, denn sie entsprechen in keiner Weise den multiplen Verhaltensweisen des postmodernen Zeitalters. Doch Vertreter modernen Denkens (wie LUHMANN 1991) warnen uns, dass dadurch jeglicher Maßstab oder Orientierungsrahmen für das wissenschaftliche Denken verloren gehen könnte und damit den Sozial- und Humanwissenschaften ihr Rahmen der Verbindlichkeit entzogen wird. Aber sollten die Expertenwissenschaften nicht in der Lage sein, andere, im postmodernen Sinne vielfältige, mehrdimensionale Denkformen an die Stelle ihres einfältigen und eindimensionalen wissenschaftlichen Denkens zu setzen? Es ist unverkennbar, dass sich die gegenwärtige Psychiatrie bemüht, sich von ihrem historischen Image der Polizeiwissenschaft, nämlich der sozialen Kontrolle abweichenden Verhaltens, dadurch zu lösen, dass sie auf die vielseitigen menschlichen Bedürfnisse und Bedürftigkeiten, auf das weite Spektrum humanen Leidens eingeht. Auf dem Weg dorthin kann ein Denken in den dichotomen Begriffen des »Normalen« und »Abweichenden« allerdings nur hinderlich sein.

Ist der Wahnsinnige normaler, als die Psychiatrie-Geschichte uns das gelehrt hat, und ist der Normale abweichender, als die moderne Sprache uns das weismachen will?

Postmodernität und Selbsthilfe

An die Stelle moderner Gegensätzlichkeit treten Vielfalt und Unterschied. Selbsthilfegruppen sind am besten geeignet, solch einen »radikalen Pluralismus« (WELSCH 1988) zu entfalten, denn sie sind nicht eingebunden in vorgegebene verbindliche und verpflichtende Organisationszusammenhänge.

In der Auseinandersetzung mit der Moderne kristallisiert sich eine neue Geisteshaltung heraus, die sich radikalkritisch an die Wurzeln psychiatrischen Denkens und Handelns heranmacht. Die grundlegende Frage ist: »Warum ist etwas so und nicht anders?« Angewandt auf die Psychiatrie: Warum ist die Psychiatrie so und nicht anders? Warum ist der Wahnsinn ein psychiatrisches Problem? Warum ist die »Irren«pflege überhaupt ein Problem für Experten? Welche anderen Möglichkeiten könnten konzipiert und realisiert werden, um aus der gegenwärtigen psychosozialen Versorgung oder aus dieser Irrenpflege etwas ganz anderes zu machen? Wie und wodurch könnte das andere – die Differenz – verwirklicht werden?

Selbsthilfe kann eine der Möglichkeiten sein, an den Wahnsinn anders, als die Psychiatrie dies tut, heranzugehen. Am Beispiel der psychosozialen Selbsthilfegruppe Nachtschwärmer, die den Schwerpunkt dieses Buches bildet, ließen sich einige der nichtpsychiatrischen postmodernen Möglichkeiten des Anders-Seins aufzeigen. Aber auch sozialpsychiatrische Experimente, wie die »Brücke« und das Biotop Mosbach oder antipsychiatrische Projekte wie das Weglaufhaus, zeigen bezüglich ihrer Konzeptionen von Macht und Wahrheit eine Differenz zur »modernen« Versorgung auf. »Macht« wird zur »Macht der Gestaltung« und Wahrheit wird relativiert – und jeder Einzelne kann sich einbringen.

Die Ausgangslage der Selbsthilfegründung war die Unzufriedenheit mit der gegenwärtigen psychosozialen Versorgung, insbesondere mit der stationären Behandlung. Ähnlich den Erfahrungen des wahnsinnigen Nietzsches fluchten einige der Psychiatrie-Erfahrenen auf die Psychiater: »Ihr wollt die Krankheit entkräften und entkräftet nur dazu den Kranken, ihr Afterärzte und Heilande.« (NIETZSCHE, *Nachgelassene Fragmente,* VII, 1, S. 366) Sie kamen zu der Erkenntnis, dass sie sich jahrelang nicht gegen eine »wohlwollende zudringliche Hilfsbereitschaft ... genügend zu verteidigen gewußt haben« (NIETZSCHE, VIII, 3, S. 429), was zu einem Fatalismus führte, den die Psychiatrie-Erfahrenen ihrer Meinung nach nur durch Selbsthilfemaßnahmen überwinden konnten (siehe HELLERICH 1997, S. 232 ff.).

Das nach A. GIDDENS (1991) für die spätmoderne Entwicklung charakteristische Phänomen der Reflexion wurde von der Unzufriedenheit mit der herrschenden Versorgung in Allgemeinkrankenhäusern getragen und durch einen gewissen Zeitfaktor ermöglicht, denn die meisten Psychiatrie-Erfahrenen hatten viel Zeit über ihr Schicksal nachzudenken. Mit der notwendigen Reflexion konnten sie sich auf die Suche nach einer Differenz machen. In der offenen Atmosphäre kam es zum Spiel der vielen Möglichkeiten. Ideen prallten aufeinander. Es wurde endlos diskutiert und argumentiert. Konsens und Dissens mischten sich zu einem bunten Potpourri, wobei Konsens in der Ablehnung der psychiatrischen Wahrheit, in der hierarchischen Macht und in der Vergegensätzlichung von Gesundheit und Krankheit, Normalität und Abweichung vorlag. Es ist das Ziel der diversen Selbsthilfegruppen, das Substantiv »Macht« in das Verb »machen« zu transformieren und allen Selbsthilfebeteiligten damit die Möglichkeit zu geben, mitzumachen, mitzugestalten, sich selbst zu repräsentieren, Ideen (und seien es die abstrusesten) einzubringen.

Die Selbsthilfe ist ein Experiment und ein Lernprozess. Ihr liegen Tausende von Konstruktionen zu Grunde, die teils wunderbare, teils unangemessene Wirkungen zeigen – und die Wirkungen wirken wieder zurück auf die Selbsthilfekonstrukteure, die sich selbststärkend verändern und immer wieder Neues initiieren. Auch die Gegensätze Krankheit und Gesundheit werden in der Selbsthilfegruppe abgebaut, denn bei den beiden Kategorien handelt es sich lediglich um Grade. Diese Idee wird in einer Begegnungsstätte zwischen Psychiatrie-Erfahrenen und Nicht-Erfahrenen am besten umgesetzt. Leider ist diese Art der Begegnung bislang in der Tagesstätte (bzw. im Tageszentrum), die von der Reformpsychiatrie als Teil der Umstrukturierung der gemeindenahen Versorgung aufgebaut wurde, noch nicht in der Weise vollzogen worden. In Gesprächen mit dortigen Psychiatrie-Erfahrenen habe ich immer wieder von ihnen den Wunsch gehört, dass sie die Tagesstättenkonzepte gerne geöffnet sehen würden.

In den diversen Selbsthilfegruppen kann jede Person etwas tun, etwas unternehmen. Die Struktur ist, postmodern gesehen, offen und flexibel. Es ist, ungleich der modernen Experten-Kultur, zumeist keine Richtung vorgegeben. Es sind die jeweiligen Ideen der Beteiligten und die Auseinandersetzungen mit ihnen in einem Spiel der Kommunikation, die für die Evolution des Selbsthilfeprojektes entscheidend sind. Alle freuen sich, sich in die Selbsthilfegruppe einbringen zu können, und insbesondere darüber, dass ihre Ideen – im Gegensatz zur Klinik – gefragt sind. Strahlende Gesichter sind immer wieder zu beobachten, wenn die Medien Interesse an dieser Selbsthilfe zeigen und der eine oder andere in der Presse zitiert wird. Macht wird erfahren als machen, gestalten, aufbauen sowie in der Anerkennung durch andere – im Gegensatz zur Ohnmacht in den stationären Abteilungen und Kliniken.

Die institutionelle psychiatrische Macht in Frage zu stellen impliziert, sich auch von normalisierenden und moralisierenden Diskursen zu distanzieren. Es wird den Beteiligten nicht diktiert, dies zu tun und jenes zu lassen. Sie sollen ihren Wahnsinn, ihre Abweichung in ihrer Weise ausleben können. Der Wahnsinn als ein akzeptierter, möglicher Weg und Sinn des Lebens wird gleichwohl begrenzt durch ein für alle Teilnehmenden gültiges und von ihnen selbst gewähltes Verbot der Gewalt. Diese Regelung ist Teil eines selbst entwickelten und organisierten – und nicht eines von Experten auferlegten – Prozesses, in dem Chaos und Ordnung zusammenwirken, wobei die Kommunikation unter den Selbsthilfemitgliedern die tragende Säule der Entwicklung ist. Sie ist es, die eine gesunde Balance zwischen Ordnung und Veränderung herstellen kann, wodurch die Selbsthilfestruktur flexibel, divers, vielfältig und gleichzeitig stabil bleibt. Auf diese Weise scheint sich in Selbsthilfegruppen eine erfolgreiche menschlich-ökologische Erneuerung der Irrenpflege ergeben zu haben, die der herrschenden psychosozialen Versorgung modellhaft als alternativer Weg eines offenen und »fröhlichen« Umgangs mit dem Wahnsinn gegenübertritt.

Die Selbstrehabilitationskonzeptionen und -versuche Psychiatrie-Erfahrener zeigen sich unter diesem Blickwinkel als Widerstandsformen lokaler Art gegen die institutionalisierte Psychiatrie – ohne große Theorie und ohne Meta-Erzählung. Da sich diese Selbsthilfevorstellungen und -praktiken immer mehr ausweiten, führt auch in der psychiatrischen Versorgung kein Weg daran vorbei, sich mit ihnen auseinander zu setzen und sie anzuerkennen und zu nutzen.

Selbst wem der Selbstrehabilitation der politische Anspruch fehlen mag, der kommt doch nicht an der Erkenntnis vorbei, dass zuvor ohnmächtige Patienten, die in psychiatrischen Institutionen zirkulierten, ein neues Gefühl der Macht und des Selbstwerts sowie kommunikative Kompetenz erstreiten und erstreiten wollen. Kennzeichnend für diese »eigenmächtige« Rehabilitation ist »Empowerment oder Wie Menschen Regie über ihr Leben gewinnen« (HERRIGER 1995; KNUF/SEIBERT 2000).

Schlussbetrachtungen

In diesem Buch habe ich versucht den psychosozialen Blick weg von den Defiziten, Störungen, Unzulänglichkeiten, Schwächen, Krankheiten der Menschen mit Psychiatrie-Erfahrung hin auf ihre Fähigkeiten und Potenziale zu lenken. Die zentralen Fragen waren: Über welche Stärken verfügen die über lange Zeit psychiatrisierten Menschen? Welche Tätigkeiten vermögen sie zu verrichten? Wie und wodurch können sie sich einbringen? Wie und wodurch kann Selbsthilfe entfaltet werden?

Die durch Irrenanstalten, Irrenärzte und Irre gekennzeichnete klassische Psychiatrie hat auf Grund ihrer auf Krankheit und Defizite fixierten Macht-, Wissens- und Ordnungssysteme Selbsthilfekräften wenig Beachtung geschenkt. Der medizinisch als krank diagnostizierte Mensch konnte kaum etwas zu seiner Rehabilitation beisteuern, da er zumeist ausschließlich von seiner negativen Seite, seiner Störung, betrachtet wurde und es kaum eine Alternative zur psychiatrischen Anstalt gab.

Zweifelsohne hat sich die Psychiatrie in den letzten Jahrzehnten drastisch verändert. Veränderungen vom medizinischen zum biopsychosozialen Modell, von der Anstalt zum Allgemeinkrankenhaus, vom passiven Patienten zum gewünschten aktiven Mitarbeiter u.a. sind unverkennbar. Zunehmend mehr Dienste sollen ambulant statt stationär angeboten werden; Ambulatorien in der Form von Beratungsstellen und Krisenzentren wurden eingerichtet und sollen weiter ausgebaut werden. Hierarchische Machtverhältnisse, absolute Wahrheitsansprüche sowie postulierte Gegensätze zwischen Professionellen und Klienten werden, so gut es geht, minimiert, wenngleich der Fall Peter zu Beginn des Buches zeigt, dass in der Praxis Macht- und Wahrheitspositionen nicht so schnell abgebaut werden.

Ob diese gegenwärtigen Erscheinungsformen der Reformpsychiatrie nun in der Tat Zeichen einer neuen Qualität sind, wie die meisten Reformer behaupten, oder nur neue, moderne Kleider der Psychiatrie, wie die Kritiker meinen, soll für den Zweck dieses Buches dahingestellt bleiben. Der wesentlichere Aspekt des Buches war es, aufzuzeigen, wie sich Selbsthilfe entwickeln konnte, und aus dieser Perspektive betrachtet ist es unbestritten, dass die Reformpsychiatrie seit der Enquete ambulante Rehabilitationsmöglichkeiten schuf, die Selbsthilfe fördern – im Gegensatz zur klassischen klinischen Psychiatrie. Viele Professionelle nehmen an den Diskussionen über einen neuen kulturellen Zeitgeist teil, sie wollen totalisierende Diskurse und Theorien der Gegensätzlichkeit (gesunder Professioneller und kranker Klient) überwinden und den Psychiatrie-Erfahrenen eher im ökologischen Sinne als ein »selbst reguliertes System« betrachten, als ein Individuum, das sich selbst helfen kann, wenngleich es hin und wieder Unterstützung braucht.

Alle die psychosozialen Selbsthilfegruppen, die sich in Deutschland etabliert haben, scheinen großen Wert auf die Gestaltungsfähigkeiten Psychiatrie-Erfahrener zu legen. Bei den meisten Selbsthilfegruppen, seien sie sozialpsychiatrischer, antipsychiatrischer oder nichtpsychiatrischer Prägung, lässt sich das Prinzip der Aktivierung und Freisetzung von Ressourcen finden. Das Vermögen der Psychiatrie-Erfahrenen ist zumeist größer als zuvor erwartet.

Selbsthilfeprojekte bieten Freiräume an, die geradezu nach Selbstgestaltungen verlangen, d.h., es gibt zumeist keinen von Professionellen vorgegebenen Raum, der für alle Teilnehmerinnen und Teilnehmer verbindlich ist. Dieses Geöffnet-Sein der Selbsthilfegruppen bedeutet für sie ein ständiges Zurückgeworfenwerden auf ihre eigenen Fähigkeiten, fordert stetigen Einsatz und ununterbrochenes Engagement. Niemand macht etwas für sie, sondern sie selbst müssen etwas, soll es verwirklicht werden, in ihre eigenen Hände nehmen. Sie erfahren immer wieder, dass ohne ihr Tätigsein nichts passiert.

Zweifelsohne sind psychosoziale Gruppen nicht durch ständige Kontinuität und Stabilität geprägt. Sie verlaufen zumeist nicht gradlinig und störungsfrei. Hin und wieder gibt es Unstimmigkeiten und Konflikte zwischen den Teilnehmern; manchmal sind es Belanglosigkeiten, manchmal ist die Auseinandersetzung grundsätzlicherer Art. Konflikte innerhalb der Gruppe führen nicht selten dazu, dass einige Teilnehmer eine Zeit lang wegbleiben, um ihre Unzufriedenheit zum Ausdruck zu bringen. Aber in jeder Gruppe schält sich, so scheint es, allmählich ein harter Kern heraus, der aus stabilisierten Psychiatrie-Erfahrenen besteht, die dem Selbsthilfeprojekt Kontinuität geben.

Zunehmend erkennen die Teilnehmenden, dass jegliche vorgetragene Kritik Kritik an ihnen selbst ist, denn eine Selbsthilfegruppe ist nur so gut, wie es ihre Mitglieder selbst sind. Das heißt: Sie und die Gruppe sind nicht zwei verschiedene Dinge. Sie selbst haben es in der Hand, aus der Gruppe etwas Produktives zu machen. Wenn sie das erkennen, dann nehmen sie auch die Chance wahr und sind äußerst motiviert, auf das Geschehen der Selbsthilfegruppe einzuwirken und ihre Fähigkeiten und Potenziale in die Gruppe einzubringen, was sich wiederum stärkend auf ihre eigene Verfassung auswirkt. Die in Selbsthilfegruppen vollzogene Ausrichtung auf die Stärken und Kompetenzen lässt viele Teilnehmenden »vergessen«, dass sie bereits einige Klinikaufenthalte hinter sich gebracht haben.

Neben dem Prozess der Gesundung, der die Dichotomisierung von Krankheit und Gesundheit aufzuheben versucht, ist eine weitere bedeutende Zielsetzung der psychosozialen Selbsthilfe die Überwindung der Gegensätzlichkeit von Normalität und Abweichung. Zu diesem Zwecke ist es sinnvoll, auf eine Begegnungsstätte Psychiatrie-Erfahrener und Nicht-Psychiatrie-Erfahrener hinzuwirken, denn in der psychosozialen Reformpraxis scheint dies immer noch ein wunder Punkt zu sein. Die Tagesstätte hat ausschließlich Menschen mit Psychiatrie-Erfahrung in ihren Reihen, was das Problem einer Gettoisierung Psychiatrie-Erfahrener aufwirft. Hier sind erweiterte Konzepte notwendig.

Statt das Trennende zwischen »Gesunden« und »Kranken« herauszustellen, sollte in den Mittelpunkt psychosozialer Versorgung das Gemeinsame, das Verbindende gerückt werden. Dieses kann in dem Begriff »Krisen-Erfahrung« zum Ausdruck kommen, denn alle Menschen haben in der einen oder anderen Weise schon Krisen erlebt und kennen daher entsprechende Phänomene. Mit Hilfe dieser Denkkonstruktion und den damit in Verbindung stehenden Strategien kann eine Spaltung in das Lager der psychiatrieerfahrenen und psychiatrieunerfahrenen Menschen vermieden werden. So lautete denn auch das Motto der Nachtschwärmer: »Wir sind alle in einem Krisenboot.« Es sollte das Motto aller Selbsthilfegruppen sein. Einige sind schon länger in einer Krise, andere kürzer. Die Bewältigung der jeweiligen Krisen kann sehr unterschiedlich verlaufen. Die einen scheinen mehr Ressourcen zu haben als andere und bewältigen ihre Krise ohne große Schwierigkeiten; bei anderen führt die Krise zu einem Lebensbruch und nicht selten zu einem Zusammenbruch. »Gemeinsam sind wir stark« könnte zur zentralen Aussage des Ansporns und der gegenseitigen Unterstützung werden.

Wahrlich sind die Nachtschwärmer, so wenig wie das Weglaufhaus oder die Irrenoffensive, eine Superselbsthilfe, die alles klären und lösen kann. Hin und wieder muss eine Selbsthilfegruppe erkennen, dass trotz aller Bemühungen der eine oder der andere wieder erkrankt und sich einer klinischen Behandlung unterziehen muss. Es gab bei den Nachtschwärmern aber nur sehr wenige Psychiatrie-Erfahrene, die trotz Teilnahme an der psychosozialen Selbsthilfegruppe nicht in der Lage waren, ihre Krisen adäquat zu bewältigen. Dieses Ergebnis ist eine Manifestation des Erfolgs der Selbsthilfe und sie werden auch von Professionellen der stationären, ambulanten und komplementären Dienste entsprechend gewürdigt. Auch bei anderen Selbsthilfegruppen haben sich ähnliche Erfolge eingestellt, was zeigt, dass außerklinische Rehabilitationsversuche für viele Psychiatrie-Erfahrene effektiver sein können als klinische Versorgung, vielleicht zuweilen sogar in akuten Phasen.

Die Wichtigkeit der psychosozialen Selbsthilfe für die Selbstrehabilitation der Betroffenen ist offensichtlich und sie hat auch ein bestimmtes Gewicht für das psychosoziale Versorgungssystem insgesamt. Aber welchen Stellenwert nimmt sie im Versorgungssystem ein? Läuft sie einfach neben der psychiatrischen Basisversorgung mit, quasi als eine Art Ergänzung? Das wird ihr meines Erachtens nicht gerecht, denn die Selbsthilfe erfüllt zwei wesentliche Funktionen innerhalb der gegenwärtigen Psychiatrie.

Zum einen füllt sie Lücken aus, denn in dem Versorgungssystem fehlen bestimmte Dienstleistungen, obwohl ein Bedarf danach besteht. Zum anderen ist es den Selbsthilfegruppen möglich, andere als die herkömmlichen professionellen, psychiatrischen Dienste anzubieten, nämlich solche Angebote ökologischer, autopoietischer, nichthierarchischer, postmodern offener und vielfältiger Art. Ihre Dienstleistungen antizipieren eine andere Gesundheitskultur. Sie nehmen aber darüber hinaus auch eine andere Arbeitskultur vorweg, in der Arbeit als Freiwilligenarbeit Spaß macht und zum Bedürfnis wird. Zusammenarbeit und nicht Konkurrenz bestimmt das Miteinander in der psychosozialen Selbsthilfe. Nicht zufällig arbeiten auch Professionelle gern in Selbsthilfegruppen mit, denn es ist für sie oft ein ganz anderes, nämlich »fröhliches« Schaffen. Das häufig in etablierten Einrichtungen zu beobachtende Phänomen der Entfremdung und des Ausgebranntseins tritt hier kaum auf.

Die Selbsthilfe kann der psychiatrischen Versorgung wichtige Denkanstöße geben und dazu beitragen, dass bestimmte verfestigte Strukturen aufgelockert, vielleicht sogar aufgebrochen werden; sie kann in diesem Sinne zu einem Transformationsprozess in der Psychiatrie insgesamt beitragen. Die gegenwärtige psychosoziale Versorgung wiederum sollte sich, im Interesse einer Erneuerung, der Selbsthilfe öffnen und auf die sich aus ihr ergebenden Möglichkeiten einlassen. Sicher würde dieses Einlassen helfen, eine neue Dynamik zu entfesseln und Reformen voranzubringen.

Die Betroffenen entdecken mit Hilfe von Selbsthilfegruppen neue Fähigkeiten in sich, die ihnen selbst bislang verborgen blieben. Sie sehen sich nicht länger als Opfer oder betrachten ihr Leben nicht länger als negativ vorherbestimmt, sondern ihre Erfahrungen in Selbsthilfegruppen lehrt sie, dass sie Einfluss nehmen können auf die Geschicke ihrer Welt.

Literatur

ADORNO, T.; HORKHEIMER, M. (1973): Dialektik der Aufklärung. Frankfurt/ Main.

ALTGELD, T.; SCHULTEROBBEN, R. (1998): Solidarität – eine Tugend der Not? In: *Selbsthilfegruppen Nachrichten*, S. 62 ff.

ANDRESEN, B. u.a. (1992): Mensch – Psychiatrie – Umwelt: Ökologische Perspektiven für die soziale Praxis. Bonn.

ANTONOVSKY, A. (1991): Meine Odyssee als Stressforscher. In: *Argument*, Sonderband 193. Berlin.

ANTONOVSKY, A. (1997): Salutogenese. Zur Entmystifizierung der Gesundheit. Herausgegeben von Alexa Franke. Tübingen.

ANTONOVSKY, A. (1987): Unraveling the Mystery of Health. San Francisco.

ATRIUMHAUS (2001): BMG Themen – Ressortforschung, Kurzberichte (Internet).

BARTJES, H. (1995): Die andere Hilfe; Das Ehrenamt. In: *Sozialmagazin*, S. 12 ff.

BASAGLIA, F. (1974): Was ist Psychiatrie? Frankfurt/Main.

BATES, F. L. (1997): Sociopolitical Ecology. New York.

BATESON, G. u.a. (1990): Schizophrenie und Familie. Frankfurt/Main.

BATESON, G. (1987): Steps to an Ecology of Mind. Northvale, New Jersey.

BATESON, G. (1985): Ökologie des Geistes. Frankfurt/Main.

BECK, U. (1986): Die Risikogesellschaft. Frankfurt/Main.

BENDER, W. (1988): Krankheitseinsicht und Krankheitsgefühle bei psychotischen Patienten. Stuttgart.

BLEULER, E. (1932/1979): Lehrbuch der Psychiatrie. Berlin.

BOCK, Th.; WEIGAND, H. (Hg.) (1991): Hand-werks-buch Psychiatrie. Bonn.

BOCK, Th. (1998): Lichtjahre. Psychosen ohne Psychiatrie. Bonn.

BÖKER, W.; BRENNER, H. (1986): Bewältigung der Schizophrenie. Bern.

BOLL, F.; OLK, T. (Hg.) (1987): Selbsthilfe und Wohlfahrtsverbände. Freiburg.

BOND, G.B.; DE GRAAF-KASER, R. (1990): Group Approaches for Persons with severe mental Illness; a Typology. In: *Social Work with Groups*, 13, 1, S. 21–36.

BRÄUNLING, S. u.a.(2001): Freie Sicht auf mich selbst! Die Praxis im Berliner Weglaufhaus. In: *Zeitschrift für systemische Therapie*, 19, 4, S. 239–260.

BUCK, D. (Pseudonym Sophie Zerchin) (1999): Auf der Spur des Morgensterns. Ein Erlebnisbericht. München.

BUCK, D. (1998): Drei Säulen der Selbsthilfe. In: KNUF, A.; GARTELMANN, A. (Hg.): Bevor die Stimmen wiederkommen. Bonn, S. 196–202.

BUCK-ZERCHIN, D. S. (2002): Lasst euch nicht entmutigen. Texte (1968–2001). Norderstedt.

BUNDESVERBAND PSYCHIATRIE-ERFAHRENER (2001): Rundbrief. Bonn.

BUNDESZENTRALE FÜR GESUNDHEITLICHE AUFKLÄRUNG (1998): Salutogenese. Bonn.

BUSCHMANN-STEINHAGE, R. (1987): Wenn das Selbst zerbricht. In: Selbstkonzept und Einstellung zur Erkrankung bei schizophrenen Patienten. Frankfurt/Main.

CHAMBERLIN, J. (1978): On our own. Patient-Controlled Alternatives to the Mental Health System. New York.

CHAMBERLIN, J. (1993): Erfahrungen und Zielsetzungen der nordamerikanischen Selbsthilfebewegung. In: KEMPKER, K.; LEHMANN, P. (Hg.): Statt Psychiatrie. Berlin, S. 300–317.

CHAMBERLIN, J. (1996): Self-Help Programs: a Description of their Characteristics and their Members. In: *Psychiatric Rehabilitation Journal*, 19, 3, S. 33–42.

CIOMPI, L. (1978): Affektlogik. Bern.

CONTI, A. (1978): Im Irrenhaus. Sehr geehrter Herr Doktor. Dies ist mein Leben. Frankfurt/Main.

COOPER, D. (1971): Psychiatrie und Anti-Psychiatrie. Frankfurt/Main.

CRAMER, F. (1985): Chaos und Ordnung. Stuttgart.

CZYTRICH, G. (1997): Selbsthilfe und Ehrenamt. In: *Selbsthilfegruppen Nachrichten*, S. 48 ff.

DELEUZE, G.; FOUCAULT, M. (1977): Der Faden ist gerissen. Berlin.

DELEUZE, G.; GUATTARI, F. (1992): Tausend Plateaus. Berlin.

DERRIDA, J. (1985): Die Schrift und die Differenz. Frankfurt.

DIEKMANN, E. u.a. (2001): Die Brücke Neumünster 1981–2001. Neumünster.

DIETZ, A.; PÖRKSEN, N.; VOELZKE, W. (1998): Behandlungsvereinbarungen. Vertrauensbildende Maßnahmen in der Akutpsychiatrie. Bonn.

DITTMANN, J.; SCHÜTTLER, R. (1990): Krankheitsbewusstsein und Bewältigungsstrategien von Patienten mit schizophrenen Psychosen. In: *Acta Psychiatrica Scandinavica*, 82 (4), S. 318–322.

DÖRNER, K. (1975): Diagnosen der Psychiatrie. Frankfurt/Main.

DÖRNER, K. (1995): Bürger und Irre. Frankfurt/Main.

EMERICK, R. E. (1990): Self-Help Groups for former Patients: Relations with Mental Health Professional. In: *Hospital and Community Psychiatry*, 41, 4, S. 401 ff.

Empfehlung der Expertenkommission der Bundesregierung (1988): Zur Reform der Versorgung im psychiatrischen und psychotherapeutischen, psychosomatischen Bereich. Bonn.

FOUCAULT, M. (1973): Wahnsinn und Gesellschaft. Frankfurt/Main.

FOUCAULT, M. (1976 a): Überwachen und Strafen. Frankfurt/Main.

FOUCAULT, M. (1976 b): Mikrophysik der Macht. Berlin.

FOUCAULT, M. (1977): Der Wille zum Wissen, 1. Band. Frankfurt/Main.

FOUCAULT, M. (1978): Disposition der Macht. Berlin.

FOUCAULT, M. (1986 a): Der Gebrauch der Lüste, 2. Band. Frankfurt/Main.

FOUCAULT, M. (1986 b): Die Sorge um sich, 3. Band. Frankfurt/Main.

GEISLINGER, R. (1998): Experten in eigener Sache. München.

GIDDENS, A. (1991): Die Moderne und ihre Folgen. Frankfurt/Main.

GOLDBLATT, D.B. (1995): Burch House, Ine, Bethlehem, New Hamshire: History and Description. In: WARNER, R. (Hg.): Alternatives to the Hospital for acute psychiatric Treatment. London, S. 155 ff.

GREIWE, A. (1998): Selbsthilfe als besondere Form der Freiwilligenarbeit. In: *Selbsthilfegruppen Nachrichten*, S. 58 ff.

GRUYTERS, T.; PRIEBE, St. (1994): Die Bewertung psychiatrischer Behandlung durch die Patienten – Resultate und Probleme der systematischen Erforschung. In: *Psychiatrische Praxis*, 21, S. 88–95.

HABERMAS, J. (1981): Theorie des kommunikativen Handelns. Frankfurt/Main.

HEIDEGGER, M. (1988): Die Technik und die Kehre. Pfullingen.

HEIDEGGER, M. (1986): Sein und Zeit. Tübingen.

HELLERICH, G. (2000): Die Nachtschwärmer: eine einmalige psychosoziale Nachtstätte. In: *Soziale Psychiatrie*, 2, S. 39 f.

HELLERICH, G. (1999): Die Nachtschwärmer – eine Selbsthilfegruppe Psychiatrie-Erfahrener. In: *Selbsthilfegruppenjahrbuch*, S. 16 ff.

HELLERICH, G. (1998): Selbsthilferessourcen bei Psychiatrie-Erfahrenen. In: *Soziale Arbeit*, 7, S. 232 ff.

HELLERICH, G. (1997): Gesundheitsdiskurse bei Psychiatrie-Erfahrenen. In: *Psychosoziale Umschau*, 1, S. 9–10.

HELLERICH, G. (1996): Von der Fremd- zur Selbstrehabilitation: eine Auseinandersetzung mit dem Behandlungskonzept. In: *Sozialpsychiatrische Informationen*, 4, S. 15–18.

HELLERICH, G. (1993): Wider die Moderne. Essen.

HELLERICH, G. (1990): Die Lebenswelt Wahnsinniger. Freiburg.

HELLERICH, G. (1980): Radikale Therapie und Enttherapeutisierung. Alternative Bewegungen in den USA. In: HELLERICH, G.; REICHEL, W.; WAMBACH, M., (Hg.): Die Museen des Wahnsinns und die Zukunft der Psychiatrie. Frankfurt/M.

HELLERICH, G.; BECKER, L.; BERGER, T. (1995–1997): Forschungsprojekt: Das Verschwinden der modernen Psychiatrie in der Postmoderne – gefördert vom Wissenschaftssenator in Bremen.

HERRIGER, N. (1995): Empowerment – oder wie Menschen Regie über ihr Leben gewinnen. In: *Sozialmagazin*, 3, S. 34–40.

HOFFMANN, H. (1990): Kultur als Lebensform. Frankfurt/Main.

HOLLINGSHEAD, A.; REDLICH, F. (1977): Der Sozialcharakter psychischer Störungen. Frankfurt/Main.

ILLICH, I. (1995): Die Nemesis der Medizin. München.

ILLICH, I. u.a. (1979): Entmündigung durch Experten. Hamburg.

JERVIS, G.; RELLA, F. (Hg.) (1978): Der Mythos der Antipsychiatrie. Berlin.

JERVIS, G. (1978): Kritisches Handbuch der Psychiatrie. Frankfurt/Main.

KARDORFF, E.; OPPL, H. (Hg.) (1989): Selbsthilfe und Krise der Wohlfahrtsgesellschaft. München.

KELLEHER, D. (1994): Self-Groups and Medicine. In: GABE, J. u.a. (Hg.): Challenging Medicine. London.

KEMPKER, K.; WEHDE, U. (Hg.) (1998): Das Weglaufhaus. Von der Idee zur Praxis. Berlin.

KEßLER, N. (Hg.) (1997): Manie-Feste. Frauen zwischen Rausch und Depression. Drei Erfahrungsberichte. Bonn.

KETTLER, U. (1998): Selbsthilfe im gemeindeorientierten Psychiatrieverband. In: *Selbsthilfegruppen-Nachrichten*, S. 74 ff.

KEUPP, H.; RÖHRLE, B. (Hg.) (1987): Soziale Netzwerke. Frankfurt/Main.

KRAUSE-GIRTH, C. (1991): Selbsthilfe-Fremdhilfe. Warum Professionelle und Selbsthilfegruppen sich gegenseitig brauchen. In: *Gruppenpsychotherapie. Gruppendynamik*, 27, S. 47–59

KNUF, A.; SEIBERT, U. (2000): Selbstbefähigung fördern. Bonn.

LAING, R. D.; ESTERSEN, A. (1975): Wahnsinn und Familie. Köln.

LEHMANN, P. (2001): Alte, veraltete und neue Anti-Psychiatrie. In: *Zeitschrift für systemische Therapie*, 19, 4, S. 264–270.

LEHMANN, P. (1998): Psychopharmaka absetzen. Berlin.

LINDEN, M. (1982): Die Veränderung von Krankheitsmodell und Compliance bei schizophrenen Patienten. In: HELMCHEN, H.; LINDEN, M. (Hg.): Psychotherapie in der Psychiatrie. Berlin, S. 93–99.

LUHMANN, N. (1991): Soziologie des Risikos. Berlin.

LUKE, D. (1993): Individual, Group Context, and Individual Group fit Predictors of Self-Help Group Attendance. In: *Journal of Applied Behavioral Science*, 29, 2, S. 216–238.

LYOTARD, F. (1986): Das postmoderne Wissen. Graz.

MARCUSE, H. (1972): Der eindimensionale Mensch. Neuwied.

MASTERPASQUA, F.; PERNA, P. (1997): The psychological Meaning of Chaos. Washington D.C.

MINGERS, J. (1995): Self-producing Systems. New York.

MOELLER, M.L. (1992): Anders helfen. Selbsthilfegruppen und Fachleute arbeiten zusammen. Frankfurt/Main.

MOELLER, M.L. (1996): Selbsthilfegruppen. Reinbek.

MORGNER, J. (1990): Neuropsychiatrische Pharmakotherapie. Jena.

MOSHER, L.; HENDRIX, V. (1994): Dabeisein. Bonn.

MOWBRAY, C.T. u.a. (1998): Consumers as mental Health Providers – First-Person Accounts of Benefits and Limitations. In: *Journal of Behavioral Health Service Research*, 25, 4, S. 397–411.

MURRAY, P. (1996): Recovery Inc.: As an Adjunct to Treatment in an Era of managed Care. In: *Psychiatric Services*, 47, 12, S. 1378–1381.

NIETZSCHE, F. (1967-1977): Werke. Berlin.

NOUVERTNÉ, K.; WESSEL, Th.; ZECHERT, Chr. (Hg.): (2002): Obdachlos und psychisch krank. Bonn

PETZOLD, H.; SCHOBERT, R. (Hg.) (1991): Selbsthilfe und Psychosomatik. Paderborn.

PETZOLD, H. (1991): Selbsthilfe und Professionelle. Gesundheit und Krankheit –

Überlegungen zu einem erweiterten Gesundheitsbegriff. In: PETZOLD, H.;
SCHOBERT, R. (Hg.): Selbsthilfe und Psychosomatik. Paderborn, S. 17 ff.

PFÄFFLIN, E.; PFÄFFLIN, J. (1979): Tagesklinik. In: Kritische Stichwörter zur
Sozialpsychiatrie. München.

PIRELLA, A. (Hg.) (1975): Sozialisation der Ausgeschlossenen. Reinbek.

Psychiatrie-Enquete (1975): Bericht über die Lage der Psychiatrie in der
Bundesrepublik Deutschland. Bonn.

RAPPAPORT, J. u.a. (1992): Mutual Help Mechanisms in the Empowerment of
Former Mental Patients. In: SALEEB, D. (Hg.): The Strengths Perspective in
Social Work. New York, S. 84 ff.

RAUSCHENBACH, T. (1992): Freiwilligendienste – eine Alternative zum Zivil-
dienst und zum sozialen Pflichtjahr? In: *Archiv für Wissenschaft und Praxis der
sozialen Arbeit*, 4, S. 254 ff.

RAVE-SCHWANK, M.; NAGEL-SCHMITT, U. (1993): Gesundheitsunterricht im
Patientenclub. In: *Psychiatrische Praxis*, 20, 3, S. 114–115.

Regionaler psychiatrischer Dienst am Krisenzentrum (1997): Konzept der
Regionalkonferenz West zur Regionalisierung des Bremer Westens. Bremen.

RIESSMANN, F.; CAROLL, D. (1995): Redefining Self-help: Policy and Practice.
San Francisco.

RITSCHER, W. (1992): Von der Psychiatrie über die Sozialpsychiatrie zur
Ökopsychiatrie. In: *Familiendynamik*, 17, 1, S. 83–92.

RORTY, R. (1989): Contingency, Irony and Solidarity. New York.

SACHSE, L. (1998): Heilsame Erfahrungen: Biotop Mosbach. Neumünster.

SARTRE, J. P. (1968): Kritik der dialektischen Vernunft. Frankfurt/Main.

SCHÄDLE, J. (1991). Kultur. In: BOCK, T.; WEIGAND, H. (Hg.): Hand-werks-
buch Psychiatrie. Bonn, S. 196–203.

SCHLEUNING, M.; WESCHEHOLD, P. (2000): Psychiatrisches Casemanagement.
Baden-Baden.

SCHOTT, T. u.a. (1996): Neue Wege in der Rehabilitation. Weinheim.

SCHURIAN, W. (1993): Kunstpsychologie heute. Göttingen.

SCULL, A. (1974): Museums of Madness. Dissertation, Princeton University.

SEGAL, S.P. (2000): Measuring Clients' Satisfaction with Self-Help Agencies. In:
Psychiatric Services, 51, 9, S. 1148–1152.

SEGAL, S. F. (1993): Empowerment and Self-Help Agency Practice for People
with mental Disabilities. In: *Social Work*, 38, 6, S. 705 ff.

SEGAL, S.; SILVERMAN, C.; TEMKIN, T. (1995): Characteristics and Service Use
of longterm Members of Self-Help Agencies for Mental Health Clients. In:
Psychiatric Services, 46, 3, S. 269–274.

SMITH, T.S. (1992): Strong Interaction. Chicago.

Sozialistisches Patientenkollektiv Heidelberg (SPK) (1972): Dokumentation,
Teil 2. Heidelberg.

STARK, F.M.; STOLLE, R. (1994): Schizophrenie: Subjektive Krankheitstheorien –
Eine explorative Studie, Teil I: Patienten. In: *Psychiatrische Praxis*, 21, S. 74–78.

STEIN, V. (1996): Abwesenheitswelten. Meine Wege durch die Psychiatrie.
Frankfurt/Main.

STÖCKLE, T. (1983): Die Irrenoffensive. Frankfurt/Main.

STURZENHECKER, B.; NÖBER, M. (1999): Freiwillige fördern. Weinheim.

SZASZ, T. (1997): The Case Against Psychiatric Coercism. In: *Independent Review*, 1, 4, S. 485 ff.

THOM, A.; WULFF, E. (1990): Psychiatrie im Wandel. Bonn.

TSOUKAS, H. (1998): Introduction: Chaos, Complexity and Organization Theory. In: *Organization*, 5, 3, S. 291–313.

VAN TOSH, L.; DEL VECCHIO, P. (1999): Consumer/Survivor-operated Self-help Programs; A technical Report. Rockville, Md.

VON TROTHA, Th. (2001): Unterwegs zu alten Fragen. Die Neue Antipsychiatrie. In: *Zeitschrift für systemische Therapie*, 19, 4, S. 201–210.

WALLER, H. (1996): Gesundheitswissenschaft. Stuttgart.

WARREN, K. (1998): Feminism, Ecological Feminism, and Conceptual Frameworks. In: ZIMMERMANN, M. u.a. (Hg.): Environmental Philosophy. Upper Saddle River.

WATKINS, T. R.; CALLICUTT, J.W. (Hg.) (1977): Mental Health Policy and Practice today. Thousand Oaks, S. 146–162.

WEBER, M. (1969): Wirtschaft und Gesellschaft. Tübingen.

WEHDE, U. (1991): Das Weglaufhaus. Berlin.

WELSCH, W. (Hg.) (1986): Wege aus der Moderne. Weinheim.

WELSCH, W. (1988): Unsere postmoderne Moderne. Weinheim.

WENDT, W. R. (1990): Ökosozial denken und handeln. Freiburg.

WESSELS, C. (1994): Das soziale Ehrenamt im Modernisierungsprozess. Pfaffenweiler.

WHITE, D. (1998): Postmodern Ecology. New York.

WILLIAMS, G.; POPAY, J. (1994): Lay Knowledge and the Privilege of Experience. In: GABE, J. u.a. Challenging Medicine. London, S. 118–137.

WILLIAMS, S. J.; CALNAN, M. (1996): The Limits of Medicalization: Modern Medicine and the Lay Populace in Late Modernity. In: *Social Science and Medicine*, 42, 12, S. 1609–1620.

WITTGENSTEIN, L. (1971): Philosophische Untersuchungen. Frankfurt/Main.

WORISHÖFER, G. (2001): Ein Blick in die Selbsthilfeorganisation. In: KNUF, A.; GARTELMANN, A. (Hg.): Bevor die Stimmen wiederkommen. Bonn, S. 189–195.

Zeitschrift: *Irrenoffensive*. Berlin, Nr. 1 ff.

Zeitschrift: *Irrtu(r)m*. Bremen, Nr. 1 ff.

Zeitschrift: *Psychologie Heute* (1997): Zeitkrankheit Isolation, Heft 11.

Der Autor

 Gert Hellerich, Jahrgang 1941, ist Professor für Sozialwesen an der Fachhochschule Bremen und Mitbegründer des Selbsthilfeprojekts »Nachtschwärmer«. Seit mehr als zwanzig Jahren beschäftigt er sich mit Themen der Selbsthilfebewegung, auch in den USA, wo er regelmäßig an Forschungstätigkeiten teilnimmt.

Andreas Knuf und Ulrich Seibert
Selbstbefähigung fördern
Empowerment in der psychiatrischen Arbeit
Mit Beiträgen von V. Aderhold, Th. Bock,
R. Geislinger, H. Maimer, E. Mayer, P. Stasny,
W. Werner, G. Wörishofer, M. Zaumseil
ISBN 3-88414-253-4
300 Seiten, 19.90 Euro (36 sFr)

Immer mehr psychiatrisch Tätige suchen nach neuen Möglichkeiten, psychisch kranke Menschen noch besser zu unterstützen. »Empowerment« heißt das Stichwort. Die Kranken sollen psychisch und sozial so gestärkt werden, dass sie ihre Gesundung und ihr weiteres Leben in die eigenen Hände nehmen können, so weit das geht.

Andreas Knuf und Ulrich Seibert zeigen gemeinsam mit einigen anderen Autoren, was es heißt, »empowernd« zu arbeiten. Das Buch öffnet zum einen ohne Denk-Tabus die gegenwärtige Auseinandersetzung um ein neues Selbstverständnis psychiatrischer Tätigkeit, zum anderen liefert es auf eine erfrischende Art eine beinahe unerschöpfliche Fülle von konkreten Möglichkeiten im Arbeitsalltag.

»Eindrucksvoll praxisnah macht Knuf anschaulich, wie weit die Psychiatrie in weiten Bereichen von einer ›Subjektorientierung‹ entfernt ist, die Betroffenen im vorherrschenden Denken weiterhin als passive Opfer, als Spielball zwischen Krankheit und medikamentöser Behandlung wahrgenommen werden. In solchen Traditionen gefangen verwundert es nicht, dass in vielen Kliniken schon das ›Psychoedukative Training für schizophrene Patienten‹, in Lehrer-Schüler-Analogie entworfen, als Meilenstein einer reformierten Umgangskultur gefeiert wird.

Zündstoff für aufregende Diskussionen bieten auch die Beiträge von Aderhold/Bock und Zaumseil zu einem veränderten Umgang mit Psychopharmaka. Entgegen der Reformrhetorik (›verhandeln statt Behandeln‹ u. Ä.) konstatieren die Autoren, dass wirkliche Beteiligungsmöglichkeiten und Ansätze der Demokratisierung in der Psychiatrie weiterhin fehlen. Für kritische Mitarbeiter psychiatrischer Einrichtungen, die ernsthaft versuchen wollen, ihr Rollenverständnis neu zu entwerfen, ist dieses Buch ein Glücksgriff.«
Michael Eink, Ev. FH Hannover, in: Sozialpsychiatrische Informationen

»... ein kritisches Buch, informativ und pragmatisch, lesenswert für Helfer, Angehörige und Psychiatrieerfahrene.«
Ingeborg Faulkner, Psychologie heute

»Die Autoren verlieren sich nicht in theoretischen Konzepten, sondern zeichnen praxisnah ein realistisches und damit umsetzbares Bild von der Beziehungsgestaltung in der ›Psychiatrieszene‹ und darüber hinaus. Seine Lebendigkeit erhält das Buch nicht zuletzt dadurch, dass viele Meinungen, Ideen und Tipps von Betroffenen mit eingeflossen sind. Eine Bereicherung für alle, die in irgendeiner Weise mit der Psychiatrie in Berührung gekommen sind.«
Marianne Kestler, Psychosoziale Umschau